Jon Sobrino

Der Preis der Gerechtigkeit

Briefe an einen ermordeten Freund

Ignatianische Impulse
Herausgegeben von Stefan Kiechle SJ und Willi Lambert SJ,
Band 25

Ignatianische Impulse gründen in der Spiritualität des Ignatius von Loyola. Diese wird heute von vielen Menschen neu entdeckt.

Ignatianische Impulse greifen aktuelle und existentielle Fragen wie auch umstrittene Themen auf. Weltoffen und konkret, lebensnah und nach vorne gerichtet, gut lesbar und persönlich anregend sprechen sie suchende Menschen an und helfen ihnen, das alltägliche Leben spirituell zu deuten und zu gestalten.

Ignatianische Impulse werden begleitet durch den Jesuitenorden, der von Ignatius gegründet wurde. Ihre Themen orientieren sich an dem, was Jesuiten heute als ihre Leitlinien gewählt haben: Christlicher Glaube – soziale Gerechtigkeit – interreligiöser Dialog – moderne Kultur.

Jon Sobrino

Der Preis der Gerechtigkeit

Briefe an einen ermordeten Freund

echter

Die Originalausgabe erschien 2004 unter dem Titel
»Cartas a Ellacuría 1989–2004«, herausgegeben
vom Centro Monseñor Romero, San Salvador

Aus dem Spanischen übersetzt von Gerhart Eskuche

Bibliografische Information der Deutschen Bibliothek
Die Deutsche Bibliothek verzeichnet diese Publikation in der Deutschen Nationalbibliografie; detaillierte bibliografische Daten sind im Internet über <http://dnb.ddb.de> abrufbar.

www.echter-verlag.de
Umschlag: Roberto Meraner
Druck und Bindung: fgb · freiburger graphische betriebe
ISBN 978-3-429-02945-6

Inhalt

Einleitung zur deutschen Ausgabe

Am 16. November 1989 wurden in El Salvador sechs Mitbrüder aus meiner Jesuitenkommunität von einem Spezialkommando der Armee grausam ermordet: Ignacio Ellacuría, Ignacio Martín-Baró, Segundo Montes, Amando López, Juan Ramón Moreno, Joaquín López y López; mit ihnen wurden Julia Elba Ramos und ihre Tochter Celina ermordet. Julia Elba war Köchin in einer nahegelegenen Jesuitenkommunität und hatte in dieser Nacht mit Celina Schutz vor den Gefechten des Bürgerkriegs in einem Zimmer unseres Hauses gesucht. Wir Jesuiten arbeiteten in der Universidad Centroamerica (UCA). Ich selbst war gerade im Ausland und entging so dem Überfall. Mein bester Freund unter den Ermordeten war Ignacio Ellacuría. Er war Rektor der Universität. Seit Jahrzehnten schon war ich mit ihm verbunden gewesen.

Wie entstanden diese Briefe an einen ermordeten Freund?

Zum ersten Jahrestag seines Todes wurde ich gebeten, im Gottesdienst die Predigt zu halten. Mir kam der Gedanke, einen Brief an Ignacio zu schreiben. An den genauen Grund erinnere ich mich nicht mehr; vielleicht dachte ich, ein persönlicher Brief sei der beste Weg, über ihn – nicht nur über sein Denken und Werk – zu sprechen und auch über mich und die anderen Jesuiten, die wir die Märtyrer der UCA überlebt haben. Die briefliche Form bedeutete auch, uns zu verpflichten, ihm zu sagen, dass wir seinen Spuren folgen würden. Deshalb freue ich mich, dass diese Briefe in der von Jesuiten herausgegebenen Reihe

»Ignatianische Impulse« veröffentlicht werden. Sie bleiben sozusagen in der Familie.

Für die deutschsprachigen Leser möchte ich einige Hinweise geben:

Der erste ist, dass Ellacuría ein *Märtyrer* ist. Das ist offensichtlich, aber es ist wichtig, das nicht zu vergessen. Man kann sich Ellacurías mit Fug und Recht als eines Intellektuellen erinnern, eines Schülers des Theologen Karl Rahner und des Philosophen Xavier Zubiri; das ist es, worauf wir Jesuiten uns oft zu konzentrieren pflegen. In meinen Studienjahren in Deutschland, von 1966 bis 1973, lernte ich viele Jesuiten kennen, die große Intellektuelle waren. Das war mir sehr nützlich. Aber ich erfuhr weder von Jesuiten-Märtyrern noch von Märtyrern überhaupt.

Von Dietrich Bonhoeffer lernte ich das »etsi Deus non daretur – auch wenn es Gott nicht gäbe«, woran ich mich mit Dankbarkeit erinnere, da es die in der Bibel verwurzelte und in der Moderne erforderliche Säkularisation in das theologische Denken einführt. Aber ich muss sagen, dass ich damals der Tatsache, dass Bonhoeffer ermordet worden war, dass er sein Leben geopfert hatte, um uns von der Grausamkeit der Götzen jener Zeit zu befreien, keine große Bedeutung beimaß. Den Mann des tiefen Denkens habe ich schnell entdeckt; den der großen Liebe erkannte ich erst später, in El Salvador.

Ebenso erging es mir mit Jesuiten. Zwar kann ich mich erinnern, von Alfred Delp gehört zu haben, der im Gefängnis mit gefesselten Händen die Letzten Gelübde unterschrieb, muss aber zugeben, dass mich das in jenen Jahren vor allem als Ausdruck von Liebe und Treue zur Gesellschaft Jesu beeindruckte. Erst später erkannte ich, dass er ein Märtyrer war und dass seine höchste Treue der Utopie einer gerechten Menschheit gegolten hatte.

Mit diesem deutschen Buch möchte ich den deutschen Märtyrern Dank und Anerkennung ausdrücken, den mir in der Mehrzahl unbekannten Frauen und Männern, die in der Zeit Bonhoeffers und Delps ihr Leben dafür gaben, dass die Welt dem Reich Gottes ähnlicher werde; und gegenüber den anderen, die in den letzten 60 Jahren in den verschiedenen Erdteilen denselben Weg gingen. Ich will auch den Mitbrüdern des Jesuitenordens danken, die nach der 32. Generalkongregation ihr Leben gaben für – wie die 32. Generalkongregation sagte – den »entscheidenden Kampf unserer Zeit: den Kampf für den Glauben, der den Kampf für die Gerechtigkeit mit einschließt«.

Im Anhang eines kürzlich veröffentlichten Buches über Pedro Arrupe führen die Herausgeber die Namen von 47 Jesuiten auf, die in den letzten 30 Jahren in der Dritten Welt gewaltsam ums Leben gekommen sind. Ich las dort die Namen von vier deutschen Jesuiten: die am 27.6.1978 in Magondi, Zimbabwe, erschossenen Bernhard Lisson und Georg Richert sowie Gerhard Pieper, erschossen am 26.12.1978 in Kangaire, Zimbabwe; außerdem Karl Albrecht, ermordet in Dili, Ost-Timor, am 11.9.1999. Die Umstände ihres Engagements für die Armen und die ihres Todes waren unterschiedlich, zusammen aber bilden diese 47 Jesuiten eine Schar von Zeugen, die der 32. Generalkongregation treu waren und ein Erbe für die Jesuiten von heute geschaffen haben.

Es ist gut, sich der Märtyrer ferner Zeiten zu erinnern, wichtig aber ist, an die unserer Tage zu denken. Und zwar deshalb, weil sie die Wirklichkeit unserer Welt und das, was darin zu tun ist, wie kaum etwas anderes erhellen: Sie stellten sich gegen die Götzen, die Opfer in der Dritten Welt fordern, obwohl ihre Wurzeln überwiegend in der Ersten Welt sind. Grausam profitiert diese vom Leiden der Armen.

Die zweite Reflexion betrifft die *Theologie*. Jede christliche Theologie sollte das Martyrium unserer Tage ernst nehmen. Die christlich-geschwisterliche Liebe macht uns einander ähnlich und verweist uns auf den großen Bruder Jesus von Nazareth, den Märtyrer schlechthin. In der Theologie jedoch wird das Martyrium meist nicht als normal betrachtet. Traurig ist, dass es heute oft in einem kasuistischen Zusammenhang aufgenommen wird: Welche Bedingungen müssen erfüllt sein, damit die Kirche jemanden als Märtyrer anerkennt?

In den 60er-Jahren habe ich in der »Theologie des Todes« von Karl Rahner gelesen, das Martyrium sei der christliche Tod par excellence. Für den Rest der Theologie aber schien diese so entscheidende Wahrheit nicht wichtig zu sein. Jahre später übte Rahner bedeutenden Einfluss darauf aus, dem Martyrium theologische Bedeutung beizumessen, und zwar im geschichtlichen Kontext Lateinamerikas, wo viele Menschen ermordet wurden wegen ihres Kampfs für Gerechtigkeit. Sein Kommentar könnte falsch verstanden werden, wenn man ihn nur als kasuistische Antwort auffassen würde: »Aber warum sollte z.B. ein Erzbischof Romero, der im Kampf für die Gerechtigkeit in der Gesellschaft fällt, in einem Kampf, den er aus letzter christlicher Überzeugung führt, nicht ein Märtyrer sein?« Das ist viel mehr als Kasuistik. Es ist die angemessene Form, die »christliche Exzellenz« eines Todes aus Liebe in einen aktuellen geschichtli-

chen Bezug zu setzen, eines Todes wie der Tod Jesu, im Kampf für das Gottesreich und gegen das Antireich. Was das Persönliche betrifft, wird man meine Dankbarkeit gegenüber Rahner verstehen, dass er Erzbischof Romero als Symbol des Martyriums in unseren Tagen angeführt hat. Natürlich gibt es viele Märtyrer mehr, Männer und Frauen, aber in der Figur Romeros werden sie alle geehrt. Er ist – wie Rahner sagen würde – ein »konkretes Universelles«, auch wenn es, wie so oft, Menschen gibt, welche die Dinge nicht so sehen wollen.
Romero harrt weiterhin der Kanonisierung, die nicht nötig und die m.E. nicht einmal wünschenswert ist, falls sie die Heiligsprechung eines verwässerten Romero bedeuten würde. Wohl aber ist es nötig, das amtliche Schweigen über die Märtyrer zu brechen und die Angst zu besiegen, mit ihnen die Mächtigen zu irritieren. Es ist wichtig, über Romero und Ellacuría zu sprechen, um Millionen unschuldig und wehrlos gestorbener Menschen aus dem Schweigen und aus der Würdelosigkeit zu befreien.
Ohne die theologische Tiefe Rahners, jedoch mit der Natürlichkeit einfacher Leute ist man bei uns schnell und sogar noch vor Rahner zu derselben Auffassung über das Martyrium gekommen. So proklamierten Ignacio Ellacuría und Oscar Romero den Jesuiten Rutilio Grande zum Märtyrer, zum Protomärtyrer der 17 in El Salvador ermordeten Priester sowie unzähliger Christen, Bauern, Studenten, Arbeiter … Und sowohl Ellacuría als auch Romero fügten etwas hinzu, was normalerweise in Kirche, Theologie, Soziallehre und Spiritualität verschwiegen wird: Es gibt ganze Völker, die gekreuzigt sind und zum leidenden Knecht Gottes werden. In umfassender Analogie sind

heute die jesuanischen Märtyrer, die aktiv sterben wie Jesus, und die gekreuzigten Völker, also die allmählich oder gewaltsam von der Ungerechtigkeit gemordeten Mehrheiten, diejenigen, die in der Geschichte die Grausamkeit des *mysterium iniquitatis* (Geheimnis des Bösen) erkennbar machen sowie Licht und Gnade des *mysterium salutis* (Geheimnis des Heils) zum Leuchten bringen.

All dies müsste genauer untersucht und ausgedrückt werden. Ich meine aber, das Gesagte reicht, um zu zeigen, wie wichtig es ist, dass die Theologie sich ernsthaft mit dem Martyrium in unseren Tagen befasst. Das Martyrium zu behandeln bedeutet, sich mit dem Kern des christlichen Glaubens zu befassen. Mein Wunsch und meine Hoffnung ist, dass dieses kleine Buch über einen Märtyrer dazu beiträgt, alle Märtyrer unserer Welt zu vergegenwärtigen, und dass die Theologie sich ihrer annimmt.

Ein letzter Gedanke zur *Solidarität.* Wie in anderen Ländern der Ersten Welt gab es auch in Deutschland während der vergangenen 30 Jahre viel Solidarität mit El Salvador und weiteren Ländern der Dritten Welt. Sie nahm die Form materieller Hilfe und auch persönlicher Hingabe an: Zeit, Zuwendung, Inkaufnahme von Risiken und sogar die Hingabe des Lebens. Ich möchte hier nur an Elisabeth Käsemann erinnern, die 1977 in Argentinien von der Armee ermordet wurde, und an den Schweizer Journalisten Jürg Weiss, der 1988 in El Salvador von der Nationalpolizei ermordet wurde – ein gegenseitiges Geben und Nehmen zwischen Menschen dieser Länder.

Dieses Buch gibt skizzenhaft etwas von den 17 Jahren wieder, in denen sich die Solidarität entwickelt hat. Die Umstände ändern sich, die Geschichte aber geht

weiter. Wir hoffen, dass dieses kleine Buch dabei hilft, die Geschichte der Solidarität am Leben zu erhalten, hier und dort, in El Salvador und in Europa, auf menschliche und christliche Weise.
Dabei hilft uns die Erinnerung an die Märtyrer. Wie ich mich an Ignacio Ellacuría erinnere, das habe ich 1990 in den Schlussworten des ersten Briefes an ihn gesagt. Für mich sind diese Worte bleibend gültig.

San Salvador, im Mai 2007

Jon Sobrino SJ

1. Mitleid mit dem gekreuzigten Volk und Glaube an das Mysterium Gottes

Lieber Ellacu[1],

seit Jahren denke ich darüber nach, was ich zur Gedenkmesse Deines Martyriums sagen würde. Wie im Falle Erzbischof Romeros wollte ich niemals wahrhaben, dass so etwas geschehen könnte, aber Dein Tod war sehr wahrscheinlich, und der Gedanke daran ist mir oft im Kopf herumgegangen. Dies sind die zwei Dinge, die mich an Dir am meisten beeindruckt haben:
Deine Intelligenz und Kreativität haben auf mich offensichtlich eine starke Wirkung ausgeübt, aber dennoch schien mir das nicht das Eigentliche an Dir zu sein. Gewiss waren Dir selbst diese Eigenschaften wichtig, jedoch hast Du niemals danach gestrebt, ein berühmter Intellektueller oder ein angesehener Rektor zu werden. Ich erinnere mich zum Beispiel daran, dass Du im spanischen Exil ein Manuskript verfasstest, das Dich in der Welt der Philosophie berühmt gemacht hätte. Du hast ihm jedoch keine besondere Bedeutung beigemessen und es nicht einmal fertiggestellt, als Du nach El Salvador gekommen bist, denn Du hattest immer andere, wichtigere Dinge zu tun: vom Helfen bei der Lösung von einem Problem auf nationaler Ebene bis hin zur Sorge um persönliche Schwierigkeiten von Mitarbeitern in der UCA. Die Folgerung daraus ist für mich ganz klar: Wichtiger als die Pflege Deiner Intelligenz und die Anerkennung, die daraus zu ziehen ist, war Dir der Dienst. Aber

Dienst an wem und wofür? Du hast in der UCA, aber letztlich nicht der UCA gedient. Du hast in der Kirche, aber letzten Endes nicht der Kirche gedient. Du hast in der Gesellschaft Jesu, aber letztlich nicht der Gesellschaft Jesu gedient. Je mehr ich Dich kennenlernte, desto mehr kam ich zu der Überzeugung, dass Du den Armen dieses Landes und der ganzen Dritten Welt gedient hast und dass dieser Dienst Deinem Leben seine endgültige Bestimmung gegeben hat. Du warst ein treuer Jünger Zubiris, Du warst Philosoph, Befreiungstheologe und Theoretiker politischer Volksbewegungen, aber Du hast für diese Theorien nicht gekämpft, als wären sie Dogmen. Du hast Deine Ansichten immer wieder geändert – ohne Dir selbst untreu zu werden –, und der einzige Beweggrund für solche Änderungen war immer: die Tragödie der Armen. Deshalb scheint mir: Wenn es irgendein unverrückbares Dogma für Dich gab – es war einzig und allein der Schmerz der gekreuzigten Völker.

Das führt mich zu dem Schluss, dass Du mehr als alles andere ein Mann des Mitleidens und Erbarmens warst, dass Dein Innerstes, Deine Eingeweide und Dein Herz bewegt waren vom unfasslichen Schmerz dieses Volkes. Das ist es, was Dir niemals Ruhe gelassen hat. Das ist es, was Deine herausragende Intelligenz in Gang gesetzt, was Deiner Kreativität und Deinem Dienen den Weg gewiesen hat. Dein Leben war also nicht einfach Dienen, sondern der ganz spezielle Dienst, »die gekreuzigten Völker vom Kreuz herabzuholen«. Das ist ein typischer Ausdruck von Dir, zu dessen Erfindung man nicht einfach Intelligenz braucht, sondern eine von Mitleid bewegte Intelligenz.

Das ist das Erste, was ich ansprechen wollte. Das

Zweite, Persönlichere, woran ich mich erinnere, ist Dein Glaube an Gott. Ich will das erläutern. Dein Kontakt mit den modernen – außer Deinem geliebten Xavier Zubiri – überwiegend ungläubigen Philosophen, die während Deiner geistigen Reifung von Säkularisierung und sogar von der Rede vom »Tod Gottes« geprägte Atmosphäre, Deine eigene kritische und ehrliche, keiner Leichtgläubigkeit zugeneigte Intelligenz und die in sich bereits eine Gottesfrage darstellende ungerechte Armut Lateinamerikas – nichts davon macht es leicht, an Gott zu glauben. Ich kann mich an einen Tag im Jahr 1969 erinnern, an dem Du mir etwas sagtest, was ich nicht vergessen habe: dass Dein großer Lehrer Karl Rahner sehr geschickt mit seinem eigenen Zweifel umgegangen ist, womit Du sagen wolltest, dass auch für Dich der Glaube nicht etwas Naheliegendes war, sondern ein Sieg.

Und dennoch bin ich überzeugt, dass Du ein großer Glaubender warst; mir hast Du gewiss Glauben vermittelt. Das war an einem Tag im Jahre 1983 bei der Rückkehr aus Deinem zweiten Exil in Spanien, als Du zu uns in einer Messe über den »himmlischen Vater« sprachst. Ich dachte bei mir: Wenn der vernünftige, kritische, intellektuell ehrliche Ellacu diese Worte gebraucht, dann nicht aus reiner Sentimentalität. Wenn Du vom himmlischen Vater sprachst, dann deshalb, weil Du an ihn glaubtest. Bei vielen anderen Gelegenheiten, beim Reden und Schreiben über Erzbischof Romero und seinen Gott oder wenn Du in einfachen Worten von der Religiosität der Armen sprachst, hast Du mir Glauben mitgeteilt. Und Du hast ihn mir vermittelt durch Deine Art, über Jesus von Nazareth zu sprechen und zu schreiben. In Deinen Schriften kommt der Glaube zum Ausdruck, dass sich in Jesus offenbart hat, was wir Menschen wirklich sind. Aber Du äußerst darin auch voller Dankbarkeit die Zuversicht, dass sich in Jesus dieses »Mehr« gezeigt hat, das uns alle umgibt, dieses letzte Geheimnis, diese Utopie, die alles an sich zieht. Ich weiß nicht, wie sehr Du mit Gott gekämpft hast, wie Jakob, wie Hiob und wie Jesus, aber ich glaube, dass Gott Dich besiegt hat und dass der Vater Jesu Dich im Innersten Deines Lebens geleitet hat.

Das ist es, Ellacu, was Du uns hinterlassen hast, mir zumindest. Deine außergewöhnlichen Fähigkeiten mögen geblendet, Deine Begrenztheiten und Fehler irritiert haben. Ellacu, ich glaube, mich hat weder das eine geblendet noch hat das andere Deine für mich wesentliche Hinterlassenschaft verdüstert: dass es nichts Wichtigeres gibt als das tätige Mitleid mit einem gekreuzigten Volk und nichts Menschlicheres und menschlicher Machendes als den Glauben.

Das sind die Dinge, die mir seit Jahren durch den Kopf gehen. Heute, ein Jahr nach Deinem Martyrium, spreche ich sie mit Schmerz und mit Freude aus, vor allem aber voller Dankbarkeit.

Danke, Ellacu, für Dein Mitleid und für Deinen Glauben.

Jon 10. November 1990

2. Die Faszination Jesu

Lieber Ellacu,

wir befinden uns in der Kapelle der UCA und haben gerade das Evangelium gehört, in dem Jesus seine Sendung verkündet, die Unterdrückten zu befreien und den Armen die Gute Nachricht zu bringen (Lk 4,16–21). Dabei habe ich an Dich gedacht, und Folgendes kam mir in den Sinn: Vor allem habe ich mich daran erinnert, wie Du oft, aber niemals aus Gewohnheit sagtest, dass Du Christ bist. Das mag selbstverständlich scheinen, ist es aber gar nicht so sehr, denn wie Du oft behauptetest: »Das Offensichtliche ist alles andere als selbstverständlich.« Du hast Dich oft als Christ bekannt, natürlich ohne rot zu werden oder Minderwertigkeitskomplexe zu haben, vielmehr mit Überzeugung und Befriedigung, so wie in jener berühmten Fernsehsendung, in der Du mit Rey Prendes und Roberto D'Aubisson[2] zu sehen warst. Die meisten der nach der Sendung eingehenden Telefonanru fe beschuldigten Dich des Kommunismus, und Du wiederholtest jedes Mal, dass Du Christ bist. Das Wichtige war aber, dass Du nicht nur das Wort »Christ« benutzt hast, sondern direkt von Jesus übernommene Worte und Vorstellungen, sei es wörtlich wie beim Sprechen über das Reich Gottes, über Jesu Vorliebe für die Armen, über die Nachfolge und die Bereitschaft, das Leben hinzugeben, sei es sinngemäß wie bei den Aussagen über die Notwendigkeit ehrlichen Umgangs mit der geschichtlichen Wirklichkeit, über Prophetie und Utopie, über die Zivilisation der

Armut. Und Du hast alle überrascht, als Du ganz konkret und direkt Jesu Worte aufnahmst: »Wir alle, Politiker, Militärs und Priester, sollten eigentlich nach der Niederlegung unserer Ämter ärmer sein als bei deren Antritt.« Ellacu, Du warst ein unverbesserlicher Jesuaner.

Das Wesen Jesu war in Deinem Denken immer gegenwärtig, nicht nur in Deinem theologischen Schaffen, sondern auch in Deinen politischen und gesellschaftlichen Analysen oder wenn Du darüber nachdachtest, was eine Universität in der Dritten Welt sein sollte. Das Christliche war gegenwärtig in Deinen praktischen Bestrebungen, wo es Dir nicht nur um Demokratie und *pax* ging, sondern auch um das Reich Gottes und *shalom*.

Du hast Dich einmal gefragt, was wir in der Theologie, in der Pastoral, in der Moral, im christlichen Leben also, zu tun haben; und Du hast darauf eine scheinbar einfache Antwort gegeben: Wir haben »dasselbe« zu tun »was Jesus zu verkünden und zu verwirklichen kam, also das Reich Gottes ... Die größtmögliche Verwirklichung des Reiches Gottes in der Geschichte ist das, worum die wahren Gefolgsleute Jesu sich bemühen müssen«. Dein elementarer Bezugspunkt war Jesus.

Dass Deine *Sache* die Sache Jesu war – geschichtlich aktualisiert, würdest Du hinzufügen – war klar. Aber obwohl Du darüber wenig gesprochen hast, hat Dich auch die *Person* Jesu beeindruckt. Darüber möchte ich reden, denn dessen wird seltener gedacht. Ich werde nicht Deine Schriften analysieren, sondern mich lieber einiger Dinge erinnern, die ich Dich über die Person Jesu sagen hörte und die mich persönlich beeindruckten.

1972, bei einem Treffen mit jungen Jesuiten in Nicaragua, sprachst Du von der strukturellen Sünde, von Gerechtigkeit und von Befreiung. Das war zu erwarten, denn es ging darum, uns »zu Medellín zu bekehren«, zu den von dieser so wichtigen Bischofsversammlung ausgehenden Neuerungen. Außerdem hast Du uns die Exerzitien des heiligen Ignatius gegeben, um tiefer in den Geist dieser Neuerungen und damit in den Geist unseres Lebens als Christen und Jesuiten eindringen zu können. Dazu hast Du, wie Ignatius es verlangt, von Jesus gesprochen. In der Meditation der Menschwerdung hast Du an Karl Rahner erinnert und an den Akzent, den er auf Christus als den »Mensch gewordenen Gott« gelegt hat. Ich kann mich gut daran erinnern, wie Du Rahner ergänzt oder – wenn man so will – berichtigt hast, indem Du hinzufügtest: »Mensch geworden *in einer sündhaften Welt*«.
Für mich war es bedeutsam, Dich so von Christus sprechen zu hören, denn ich hatte zwar Rahner studiert und schätzte ihn sehr, Deine Worte aber waren, glaube ich, der erste Kontakt mit einer neuen Sicht des Christentums, in der die »sündhafte Welt« im Mittelpunkt steht – wie ich erstaunt feststellte. Mit noch größerer Andacht aber erinnere ich mich an Deine Überzeugung und Dankbarkeit, dass Jesus so war, dass er von dieser Welt war und sich von ihr beuteln ließ, dass er diese Welt der Sünde angenommen und ihre Befreiung gesucht hat. Damit kam mir Christus nahe, er wurde solidarisch mit den Leiden der Armen und zum Ankläger der Unterdrückung durch die Mächtigen. Ich begann, Jesus neu zu entdecken.
Ellacu, mir scheint, dass Jesus Christus eine mächtige Anziehungskraft auf Dich ausgeübt hat. Der geschichtliche Jesus, der von Nazareth, der weder Phi-

losoph war wie Zubiri noch Theologe wie Rahner noch Wirtschaftswissenschaftler wie Marx, er hat Dich fasziniert.
Natürlich sprachst Du von solchen Dingen nicht in salbungsvollen Worten; aber eines Tages haben Dich die Gefühle in einer Unterrichtsstunde übermannt, wie sich ein Student erinnert: »In einer Vorlesung untersuchte Ellacuría das Leben Jesu. Auf einmal lief ihm das Herz über. Er sagte: ›Jesus besaß den Gerechtigkeitssinn, bis ins Tiefste zu gehen; gleichzeitig hatte er die Augen und das Herz, die Menschen zu verstehen.‹ Ellacuría schwieg und schloss mit folgenden Worten: ›Er war ein großer Mensch.‹«
Du hast nicht nur von Jesus gesprochen. Gemeinsam mit vielen anderen Männern und Frauen in El Salvador hast Du ihn gegenwärtig gemacht in dieser Welt. Ich sage das allen Ernstes und ohne jede Rhetorik. Letzten Endes ist es doch so, dass der Auftrag Jesu, des Gottessohnes und Christus, ein Fehlschlag gewesen wäre, könnte er nicht im Laufe der Geschichte Söhne Gottes und ihm zumindest etwas ähnliche Brüder und Schwestern hervorbringen.
Du hast uns an Jesus erinnert mit Deiner Prophetie, Deiner prophetischen Verteidigung der Armen und mit Deiner Tapferkeit im Eingehen von Risiken. Ein Beispiel aus jenen Jahren: Als 1976 die Mächtigen wieder einmal die Armen dieses Landes mit dem Versprechen einer Agrarreform betrogen hatten, hast Du den berühmten Leitartikel »A sus órdenes mi capital« (Zu Befehl, mein Kapital!) in Anspielung auf die Formel »A sus órdenes mi capitán« (Zu Befehl, mein Hauptmann) geschrieben. Die Originalität des Titels, seine Intelligenz und sein Mut sind am stärksten im Gedächtnis haften geblieben; sie waren aber nicht

das Wichtigste. Wesentlich war die energische und durchdachte Anklage dieser neuen Ungerechtigkeit gegen die Armen. Und obwohl danach im Verwaltungsgebäude der UCA eine Bombe mit eindeutigem Adressaten gelegt wurde, bist Du weitergegangen bis zum Ende. »Seit sie Erzbischof Romero ermordet haben, hat niemand im Lande so gesprochen wie Pater Ellacuría«, sagte mir eine Frau einige Monate vor Deinem Martyrium. Nicht nur im Unterricht, bei Vorträgen und Messen hast Du an Jesus erinnert, sondern eben auch in solchen säkularen Gefahrensituationen, wie es die Stellungnahme gegenüber einer Regierungsfarce ist; so säkular freilich wie Jesu Verteidigung der Jünger, die Ähren von einem fremden Acker genommen hatten.

Dieser Dein Jesus, Ellacu, könnte heute sehr wohl als »Meister des Verdachts« fungieren oder als einer jener erleuchteten Mythenzerstörer aus alter Zeit. Diese sind dringend nötig in einer Welt, die keine Wahrheiten hören, sondern – egal wie – unmittelbare Befriedigung erlangen will. Jesus könnte uns durchaus aufrütteln und mahnen, so dass wir uns ganz wehrlos fühlen. Sehr wohl könnte er wieder das feierliche Wort Gottes aus dem Anbeginn der Geschichte zum Klingen bringen: »Kain, was hast du deinem Bruder getan?« (Gen 4,10). Jesus könnte sehr gut als Licht und als Gute Nachricht in einem Abendland dienen, das dunkel ist und erstarrt in schlecht verhüllter Traurigkeit, welche die Vergnügungsindustrie nicht zu verbergen schafft.

Seine Gleichnisse bergen immer noch großes Humanisierungspotential, das an anderen – auch demokratischen – Orten nicht zu finden ist: der gute Samariter als rechtschaffener Mensch (Lk 10,29–37), der Vater,

der umarmt und versöhnt (Lk 15,11–31), die grausame Kluft zwischen dem reichen Prasser und dem armen Lazarus (Lk 16,19–31), die entscheidende Frage, die uns allen gestellt wird: »Was habt ihr denen getan, die hungrig waren?« (Mt 25,31–46). Gläubig oder nicht, wir Menschen brauchen Personen wie Jesus, Worte, Liebe und Hingabe wie seine.
Ellacu, Du könntest uns in vielem helfen, wenn Du hier wärst. Aber hilf uns, eines aufrechtzuerhalten, das auch Dir wesentlich war: Jesus wirklich anzunehmen, sein Leben, seinen Auftrag, seine Prophetie, seine Utopie, seinen Tod und seine Auferstehung.

Jon 9. November 1991

3. Demütig durch die Geschichte gehen

Lieber Ellacu,

heute haben wir den 31. Oktober; es ist der Tag, an dem sämtliche Bedingungen des Friedensabkommens nach 12 Jahren Bürgerkrieg hätten erfüllt sein müssen. Genau deswegen haben wir diesen Tag für das Gedenken an Dich gewählt. Alle Märtyrer haben für den Frieden gekämpft und ihr Leben geopfert, Du jedoch bist in diesem Augenblick vielleicht das Symbol für sie – diese Gabe bekamst Du vom Herrn. Aber es sollte nicht sein, die Vereinbarungen sind noch nicht erfüllt. Wieder einmal haben sich die Dinge verkompliziert. Die Kräfte des Bösen, die extreme Rechte, versucht nun, den Friedensprozess zu destabilisieren.
Du wirst Dich erinnern, wie 1976 die ersten zaghaften und bescheidenen Schritte zu einer Agrarreform getan wurden und wie der Staatspräsident dann den Rückwärtsgang eingelegt hat. Daraufhin hast Du einen Deiner besten Artikel geschrieben, sehr universitär, sehr christlich und sehr typisch für El Salvador. Du gabst ihm den Titel: »A sus órdenes mi capital« (Zu Befehl, mein Kapital). Einige von uns haben sich in diesen Tagen daran erinnert und vermutet, dass Du heute einen neuen Aufsatz schreiben würdest: »A sus órdenes mi capitán« (Zu Befehl, mein Hauptmann). In ihm würdest Du die unmittelbare Verantwortung der Streitkräfte für das Scheitern der Abkommen herausstellen. Als alles auf gutem Weg war, wollten sie nicht nachgeben und übten enormen Druck auf Prä-

sident Alfredo Cristiani aus. Sie wehrten sich gegen die Reinigung und Verkleinerung der Armee und dagegen, dass Militärs vor Gericht gestellt werden, wie es das Friedensabkommen vorsieht.

Aber das ist nicht alles, was im Land vor sich geht, Ellacu. Trotz aller Probleme hat sich etwas geändert; ich habe nur mit den Schwierigkeiten des Friedensprozesses begonnen, weil wir derzeit in etwas sehr Wichtigem Dein Beispiel brauchen: weiter nach Lösungen zu suchen, weiter voranzuschreiten. Darüber werde ich mit Dir erst in scherzhafter und dann in ernsthafter Form sprechen.

Du wirst Dich erinnern, dass Segundo Montes in unserer Gemeinschaft immer zu sagen pflegte, Du hättest uns oft in Projekte und Prozesse »hineingezogen«, die erfolglos blieben. Schon 1972, ganz gewiss 1976, hast Du die UCA und unsere Jesuitengemeinschaft in die vom Präsidenten Molina versprochene Agrarreform hineingezogen. Später, 1979, hast Du uns in den Putsch der jungen Militärs hineingezogen und danach, 1981, in die ersten Friedensverhandlungen. Und so immer weiter, bis zum Ende. Die Folgen waren immer dieselben: Scheitern dessen, was wir unterstützten, Drohungen und Angriffe gegen uns, Bomben in der UCA und in unserem Wohnhaus.

Du aber schienst nicht den Mut zu verlieren, beharrtest darauf, dass es Fortschritte gebe, und überlegtest, welche neuen Schritte zu tun seien. Mit außergewöhnlicher Kreativität fandest Du immer den Kurs für wirkungsvolles Arbeiten in neuen Situationen, um die Geschichte voranzutreiben oder – in der Sprache Zubiris –, damit »die Wirklichkeit mehr hergibt«. Wie viel sie hergeben könnte und wann sie genug hergeben würde, um Frieden und Gerechtigkeit einkehren zu lassen, das wusstest natürlich auch Du nicht genau. Aber Deine Berufung zum »Geburtshelfer des Lebens«, der Geschichte und der Humanisierung blieb unversehrt. Du hast die Überzeugung und die Hoffnung des Paulus in die Gegenwart gerufen, »dass die gesamte Schöpfung bis zum heutigen Tag seufzt und in Geburtswehen liegt« (Röm 8,22) und eines Tages eine neue Welt gebären wird. Der extremen Rechten gefielen die Wege nicht, die Du eröffnetest; die Freunde der Linken kritisierten sie manchmal. Und jedes Mal, wenn Du von einer neuen Aufgabe, einem Richtungswechsel oder einem Neubeginn sprachst, bemerkte Montes schneidend: »Schon wieder zieht uns der Ellacu in etwas hinein.«

Nun gut, ich habe viel über dieses Dein »Hineinziehen« nachgedacht und es verglichen mit einer Aussage des Propheten Micha, die wir in dieser Kapelle oft zitierten: »Es ist dir gesagt worden, Mensch, was gut ist und was der Herr von dir erwartet: Recht tun, Liebe üben und in Demut den Weg gehen mit deinem Gott« (Mi 6,8). Das mit der Liebe schien nicht so ganz Deine Sache zu sein, Ellacu, wohl aus Veranlagung oder weil Du als guter Baske Deine Gefühle verheimlichtest; es gibt jedoch etliche Menschen, die sich an Gesten der Nähe und Zuneigung von Dir erinnern können, welche Du verborgen halten wolltest, als schämtest Du Dich, gütig und zartfühlend zu wirken. Die Liebe zum gekreuzigten Volk und die Arbeit, es vom Kreuz herabzuholen, für Gerechtigkeit: Das war auf jeden Fall Deine Sache – unübersehbar.

Jetzt aber möchte ich meine Aufmerksamkeit auf das »in Demut den Weg mit Gott gehen« richten. Die Situationen, die Montes als »Hineinziehen« bezeichnete, waren in Wirklichkeit nichts anderes als Meilensteine dieses Weges in Demut. Du warst immer bereit, neue Pfade einzuschlagen, weil es nicht einfach war, den definitiv richtigen zu finden. Die Objektivität der Geschichte – nicht nur eine Art von Subjektivität – entscheidet darüber, ob der Weg »in Demut« verläuft. Ich glaube, dies ist ein Vermächtnis, das Du uns hinterlassen hast: dass wir immer gehen müssen, als Person, als UCA, als Kirche, als Jesuiten, als Volk. Und dass wir immer – demütig – bereit sein müssen, neue Wege zu suchen, ohne fruchtloses Jammern, ohne uns auf Dogmatismen irgendwelcher Art festzulegen. Von Dir haben wir gelernt, dass wir nur eins nicht tun können: aufhören zu suchen, aufhören zu gehen.

Schließlich glaube ich, Ellacu, dass dieses Gehen ein Gehen mit Gott war. In Deinem öffentlichen Auftreten neigtest Du gewiß nicht zu süßlichem religiösem Reden, und wohl wenige werden gedacht haben, Du wandeltest mit Gott, wenn sie Dich schreiben und lehren sahen, wenn sie sahen, wie Du mit Politikern, Nuntien, Botschaftern und Journalisten gesprochen, bei Entführungen wie jener der Tochter des Präsidenten Duarte vermittelt hast, nach Nicaragua gereist bist, um mit Führern der Guerilla zu reden, Bischof Rivera nach Chalatenango begleitet hast, um mit den Kommandanten der Guerilla zu sprechen und die christlichen Gemeinden zu besuchen, wenn sie sahen, wie Du in Kirchen und Universitäten Unterstützung für den Frieden gesucht, im Fernsehen mit Politikern und Intellektuellen diskutiert hast ...

Bei all dem sah ich Dich den Text Michas in die Tat umsetzen. Dieses *immerwährende* Nachdenken über Wege, die zum Gottesreich führen, dieses Suchen nach neuen Pfaden und das Verlassen der eingeschlagenen, wenn sie nicht mehr taugen, dieser Dialog mit den nahestehenden Linken und nötigenfalls auch mit den fernerstehenden Rechten, das bedeutete ein Gehen durch diese Welt, um sie im Sinn des Gottesreiches zu verändern.

Das war, denke ich, Gehen mit Gott, denn zu ihm gelangt man nicht in von der Geschichte getrenntem Raum und auch nicht, indem man dieser Geschichte einfach eine religiöse Betrachtung hinzufügt, indem man sie von außen her tauft oder indem man nur betet, dass Gottes Wille geschehen möge. Zu Gott gelangt man in der Geschichte, in den und durch die geschichtlichen Wirklichkeiten. Du sprachst von Transzendenz »in der Geschichte«, nicht »jenseits der Geschichte«. Auch wenn es nicht leicht zu verstehen ist, hilft vielleicht das Denken an das, was Zubiri sagte und woran Du erinnertest: »Der Akt oder die Akte menschlichen Zugangs zu Gott sind nicht die formal verstandesmäßigen, sondern es sind jene Akte, welche uns effektiv physisch und wirklich zu Ihm als unbedingt absoluter Wirklichkeit führen.«

»Gehen« war für Dich, Ellacu, die Verwirklichung der unzähligen Dinge, die Du immer in Arbeit hattest. Darin nähertest Du Dich »physisch und wirklich« Gott. Und da dieser Gott sich niemals in seiner Ganzheit erreichen lässt, musstest Du demütig die von der Geschichte *objektiv* geforderten Änderungen akzeptieren und ebenso die subjektiven Kosten an Deiner Gesundheit, Deinem Charakter, Deinem Wohlbefinden, Deinem Frieden ...

Im letzten Jahr Deines Lebens wirktest Du mitgenommen, von angegriffener Gesundheit, mürrischer, manchmal sogar verbittert. So sah es von außen aus. Wie Du Dich innerlich fühltest, weiß ich letzten Endes nicht. Aber irgendetwas erinnerte mich an Worte, die Unamuno als Epitaph über sich selbst schrieb. Ellacu, hast Du zu Gott gesagt: »Nimm mich zu Dir, denn ich bin erschöpft von so viel Kämpfen!«? Wie das Ende dieses Kampfes war, das weiß ich nicht; aber dass Dein Leben ein beständiges Mühen war, ein Gehen, kein einfaches Einherwandeln und erst recht kein vergnüglicher, von den Winden der Moden und Paradigmen bewegter Spaziergang, davon bin ich überzeugt.

Du bist bis zum Ende gegangen, bis zu einem 16. November, an dem Du zusammen mit Julia Elba, Celina und Deinen Brüdern bei Gott angekommen bist. Deswegen habe ich in diesem Brief an Micha erinnert.

Jon 31. Oktober 1992

4. Eine notwendige Verrücktheit der Bibel: die Zivilisation der Armut

Lieber Ellacu,

im Gegensatz zu allem, was offizielle Stellen – Regierung, ONUSAL (Beobachtermission der Vereinten Nationen in El Salvador), Botschaften – behaupten, stehen die Dinge nicht gut. Bereits vor acht Monaten hat die Wahrheitskommission ihren Bericht »Vom Wahnsinn zur Hoffnung« veröffentlicht. Schon damals kommentierte ein Professor der UCA, weder sei der Wahnsinn sonderlich groß gewesen, denn die Taten waren wohlüberlegt, noch die Hoffnung, denn es bleibe abzuwarten, wie Militär, Oligarchie und Mächtige reagieren. Aber lassen wir die Sophismen beiseite; wir befinden uns jetzt in einer schwierigen Lage, mit *mehr Wahnsinn und weniger Hoffnung*, in einer Situation von Krise und Spannung.

Wir brauchen Euch. Inmitten der Krise habt Ihr ein sehr wichtiges Wort zu sagen, das man sonst nirgends hört. Ihr haltet in den Gutwilligen das Licht, den Mut und die Hoffnung am Leben. Und das ist bitter nötig, denn hier und in fast der ganzen Welt will man uns betrügen und möchte, dass wir das Wesentliche vergessen: dass dies eine Welt der Armen ist und dass sich nichts ernsthaft ändern wird, wenn wir nicht die Armut überwinden.

Für die Armen interessiert sich (fast) niemand, weder die Regierung noch das Militär noch die Oligarchien. Und auch die Universitäten und Kirchen übertreiben es nicht gerade mit ihrer Verteidigung, manchmal beschützen sie sogar eher den *status quo*. Und deswegen muss ich zugeben, dass mich eine Deiner Verrücktheiten – vielleicht die größte von allen – täglich mehr beeindruckt. Zu Beginn der 80er-Jahre begannst Du es zu ahnen: Lösung und Ideal für die Welt von heute ist die *Zivilisation der Armut*. Nach meinem Verständnis ist dies das Revolutionärste – und Christlichste –, was Du je gesagt hast.

Ich kann mich gut an Deinen Bericht erinnern, wie Du die Idee entwickelt hattest. Es ging darum, das Projekt einer menschlichen, geheilten und heilenden, befreiten und befreienden Gesellschaft in Worte und Begriffe zu fassen. Anfangs wolltest Du sie »Kultur der Armut« nennen, aber unser Mitbruder, der herausragende Anthropologe Ricardo Falla, brachte Dich davon ab, da der Begriff unter Anthropologen abwertend klingt. Du hast Dich dann für »Zivilisation der Armut« entschieden und diese Bezeichnung bis zum Schluss beibehalten. Mit Ausnahme von Pedro Casaldáliga haben ihn allerdings wenige aufgegriffen, und erst recht nicht die dahinter stehende Gottesanschauung. Die Utopie einer Zivilisation der Armut gefällt ehrlich gesagt niemandem, angefangen bei uns, die wir das Armutsgelübde ablegen. Und das führt zu einer Überlegung, die mir sehr wichtig scheint.

Wenn Du mit Deiner gewohnten Brillanz über Philosophie, Theologie und Politik sprichst, kann man Deiner Meinung sein oder auch nicht, aber man hat Respekt und viele bewundern Dich. Wenn Du – gleich Zubiri und Rahner – von Utopie und Prophetie schreibst, rühmen alle Deine Intelligenz und Hellsichtigkeit und werden Dich wahrscheinlich lobend in ihren eigenen Schriften zitieren. Wenn Du aber den konkreten und ungerechten Reichtum anklagst, vor allem wenn Du Zukunftsträume hegst und von uns verlangst, unsere Utopie solle eine Zivilisation der Armut sein, dann fürchte ich sehr, Ellacu, dass Du alleine dastehen wirst, obwohl Deine Argumentation sehr vernünftig ist. Nebenbei gesagt, im Januar 1990, zwei Monate nach Deiner Ermordung, sprach ich im spanischen Fernsehen. In Erinnerung an die Worte Jesu bat ich die Zuschauer: »Beglückwünschen Sie niemals einen Millionär!« In diesem Zusammenhang erwähnte ich danach Deine Vorstellungen von einer »Zivilisation der Armut« und sagte, dass ich ganz Deiner Meinung sei. Letzten Endes aber habe ich mich nur getraut, den Fernsehzuschauern eine Zivilisation der »geteilten Genügsamkeit« vorzuschlagen. Wie ich scherzhaft dazu anmerkte, würden sie mich steinigen, wenn ich ihnen als Ideal die Zivilisation der Armut vorschlüge.

Es ist Dir nicht leicht gefallen, Deine Vorstellung von einer Zivilisation der Armut zu definieren, und Dein normalerweise sehr geradliniges Denken wurde dabei etwas gewunden. Klar war jedoch, was Du damit ausschließen wolltest:

»Die Zivilisation der Armut wird als solche bezeichnet wegen ihres Gegensatzes zur Zivilisation des Reichtums und nicht, weil sie eine allgemeine Verarmung als Lebensideal anstreben würde ... Was hier hervorgehoben werden soll, ist die dialektische Beziehung zwischen Armut und Reichtum, nicht die Armut an sich. In einer sündhafterweise durch die Dynamik von Kapital und Reichtum bestimmten Welt ist es nötig, eine andere Dynamik ins Leben zu rufen, die jene heilend überwindet.«

Positiv drücktest Du es so aus:

»Die auf einen materialistischen Humanismus gegründete, von christlicher Erleuchtung und Inspiration transformierte (...) Zivilisation der Armut verwirft die Kapitalanhäufung als Motor der Geschichte und das Besitzen und Genießen von Reichtum als Humanisierungsprinzip. Sie macht die allgemeine Befriedigung der Grundbedürfnisse zum Entwicklungsprinzip und das Wachsen gemeinsamer Solidarität zur Grundlage der Humanisierung.«

Betrachten wir die Gründe, die Du für eine derartige Ungebührlichkeit angibst: Die Wirtschaftswissenschaftler erinnerst Du daran, dass die Erde nicht genügend Ressourcen bereithält, um alle leben zu lassen wie Europäer oder Nordamerikaner. Folglich müssen diese sich einschränken, damit wir alle leben können. Prediger und Moralisten der Ersten Welt erinnerst Du daran, dass die Überflussgesellschaft nicht auf alle ausdehnbar ist. Deshalb kann sie dem kategorischen Imperativ des alten Kant zufolge auch nicht moralisch sein. Den Neoliberalen und den vom »Ende der Geschichte« überzeugten Enthusiasten sagst Du, dass wir rückwärts schreiten, dass Armut und Ungleichheit zunehmen und dass deswegen diese Reichtumsgesellschaft nichts Gutes ist. Und Du sagst Christen, Theologen und Bischöfen, dass ebendiese Armut für Jesus die Quelle des Geistes ist, dass sie Solidarität und Menschenfamilie ermöglicht. Aus anderen Stellen wird diese Analogie verständlicher.

»Diese Armut ist es, die dem Geist wirklich Raum gibt, der nun nicht mehr erstickt wird vom Wunsch, mehr zu haben als der andere, vom Wunsch nach jeder Menge Überflüssigem, während dem größeren Teil der Menschheit das Nötigste fehlt. Dann wird der Geist aufblühen können, der ungeheure spirituelle und menschliche Reichtum der Völker der Dritten Welt, welcher heute erstickt ist von Elend und Überfremdung durch Kulturmodelle, die in mancher Hinsicht fortschrittlicher, deswegen aber nicht menschlicher sind.«

Es muss auf jeden Fall versucht werden, die Zivilisation der Armut zu verwirklichen, denn ihr Gegenteil, das, was uns der Westen als gut und als Utopie hinstellt, die Zivilisation des Reichtums, gewährleistet nicht das Überleben der Mehrheit und zivilisiert fast niemanden. Ellacu, Du wolltest nicht das Elend verteilen, wie man sarkastisch zu sagen pflegt, sondern der Unmenschlichkeit der gegenwärtigen Zivilisation Kontra geben. Letztere bietet »Wohlstand« auf eine präpotente Art, als handele es sich um »die offenkundige Bestimmung« des Westens – wenn auch nicht aller dort. Der Preis aber ist das Elend, die Unterdrückung und die Würdelosigkeit ganzer Völker.

Auf ebendieser Linie christlicher Paradoxie sagtest Du prophetisch, den USA gehe es schlechter als uns, weil sie eine Lösung hätten. Diese Lösung aber sei schlecht für sie selbst und für die ganze Welt, und es sei besser, keine Lösung zu haben als eine schlechte. Die wahre Lösung, die Du uns als Testament der Menschlichkeit hinterlassen hast, ist eine Zivilisation, die der Arbeit Vorrang gibt vor dem Kapital, worin Du mit Johannes Paul II. übereinstimmtest. Du bist aber weiter gegangen als er und hast hinzugefügt, dass diese Zivilisation die der Armut ist und die einzige Art, die von

den Päpsten seit Paul VI. beschworene Zivilisation der Liebe geschichtlich zu verwirklichen.
Diese Zivilisation ist die einzige, die das Leben für alle möglich machen und Geist, Geschwisterlichkeit und Menschlichkeit schaffen kann. Ellacu, Du sagst uns, auch wenn es nicht so schön klingt, es sei besser – sofern die menschlichen Grundbedürfnisse abgedeckt sind –, bescheiden als einfaches Volk, aber mit Kreativität, der Fähigkeit zu feiern, Gemeinschaftlichkeit, Engagement, Glauben, Hoffnung und Freude zu leben als mit Routine, reiner Vergnügung, Individualismus, Egoismus, purem Pragmatismus und der Angst des Westens, »den Wohlstand zu verlieren«. Du sagst uns, man solle mit Geist leben und nicht mit der betrügerischen Selbstzufriedenheit derer, die glauben, das »Ende der Geschichte«, das »globale Dorf« und die »Globalisierung« seien bereits Tatsache.
Ellacu, all diese Ideen sind verrückt, aber ich glaube, die armen Leute spüren intuitiv, dass etwas Gutes daran ist. Deswegen seid Ihr heute gegenwärtig in all den Feierlichkeiten der UCA. Die Menschen lieben Euch, sie füllen Kapelle und Auditorium, erinnern sich Eurer und beweinen Euch; es gibt nicht mehr viele wie Euch.
Vorgestern haben wir ein Theaterstück von Paco Escobar mit dem Titel »Un tal Ignacio – ein gewisser Ignacio« uraufgeführt. Da sah man Dich zusammen mit Montes, Amando, Nacho, Lolo – »der den Armen Brot und Glauben gab« – und Pardito. In der Todesszene waren bei euch Elba und Celina, umschlungen, die Mutter mit dem Körper ihre Tochter bedeckend, wie um sie vor den Kugeln zu schützen. Sie standen für die 75.000 Ermordeten und Märtyrer. Als die Aufführung beendet war, gab es stehenden Applaus. Ich

kann mich an keinen so großen Beifall in der Geschichte der UCA erinnern.
Du siehst schon, Ellacu, Ihr fehlt uns. Es fehlt uns Deine Hellsichtigkeit, Dein Mitgefühl, Dein Hunger und Durst nach Gerechtigkeit, Dein Mut. Mögen Erzbischof Romero, Julia Elba und Celina, Du und Deine Brüder uns beistehen.

Jon 13. November 1993

5. Zur Tiefe und zum Verborgenen zurückkehren

Lieber Ellacu,

fünf Jahre sind vergangen seit Deinem Martyrium. Wir diskutieren noch immer, ob die Dinge gleich, besser oder schlechter stehen im Land. Mir persönlich scheint, dass sie sich geändert haben, auch wenn es noch viel aufzubauen gibt – insofern hat sich etwas gebessert. Ich denke aber auch, dass noch vieles abzubauen ist; damit meine ich unsere uralten Übel: die Gleichgültigkeit und Grausamkeit gegenüber den Armen. Es hat sich nichts geändert an der Habsucht, die das Neue Testament die »Wurzel allen Übels« nennt (1 Tim 6,10; vgl. Kol 3,5). Sie ist fast allgegenwärtig, bei den Egoisten und Raffgierigen von jeher wie bei den neuen Opportunisten, unter ihnen überraschenderweise auch einige prominente Mitglieder der FMLN[3]. Ich glaube, das erklärt auch die bei manchen implizite, bei anderen explizite Debatte darüber, ob man sich pragmatisch oder an einer Utopie orientieren solle. Dazu möchte ich zwei Betrachtungen anstellen. *Zum Ersten* sollte man weder Masochist sein noch die Fortschritte verkennen: Es gibt keinen Krieg mehr, die Nachkriegszeit war weniger grausam und chaotisch, als sie hätte sein können, es gibt jetzt bei weniger Risiko mehr Möglichkeiten, in der Opposition zu arbeiten. Aber es wäre unverantwortlicher Leichtsinn, darüber hinwegzusehen, dass die Armut im Land zugenommen hat und dass täglich drei bis vier Salvadorianer durch Mörderhand sterben.

Das Schlimmste aber ist, dass wir uns allmählich daran gewöhnen, uns an der Oberfläche der Dinge, am Wellenschlag, aufzuhalten, und nicht mehr wie Du auf die tiefen Strömungen achten, die das Meer und die Geschichte bewegen – Du, aus einer Hafenstadt stammend, kennst Dich darin aus. Wir schauen nicht mehr in die Tiefe, dahin, wo es um die Wahrheit der Dinge geht.

Vielleicht wollen wir uns nur nicht erschrecken, vielleicht, wie Jesaja sagt, nur das geknickte Rohr nicht zerbrechen (Jes 42,1–4), vielleicht auch den Leuten nicht die letzte Illusion rauben. Aber Oberflächlichkeit ist nicht gut, und deswegen erinnere ich mich gern an einige Deiner Worte, die in die Tiefe zielten. 1989, im reifen Alter und frei vom Feuer und von den Launen der Jugend, sagtest Du Wahrheiten, die inzwischen weder bei der Rechten noch – von wenigen Ausnahmen abgesehen – bei der Linken nachhallen.

Eine Woche vor Deinem Tod sprachst Du noch von »einem neuen historischen Projekt« und einem »Prozess revolutionärer Veränderung, der darin besteht, das die Weltzivilisation konfigurierende Hauptzeichen umzukehren«. Bei allem Realismus und aller Objektivität bist Du Utopist geblieben, nicht um Dich über die Dinge zu erheben, sondern eben um in die Tiefe der Wirklichkeit einzutauchen. Wie ich im vorigen Brief schrieb, wagtest Du es, Deine Utopie »Zivilisation der Armut« zu nennen. Zum Entsetzen aller sagtest Du: »Die USA sind viel schlimmer dran als Lateinamerika. Denn die USA haben eine Lösung, aber meiner Meinung nach ist es eine schlechte, für sie wie für uns. In Lateinamerika dagegen gibt es keine Lösungen, nur Probleme; aber so weh es tut, ist es

doch besser, Probleme zu haben als eine schlechte Lösung.« So geht man den Dingen auf den Grund.
Zum Zweiten tun wir alle gern unsere Meinung kund. Wenn Politiker, UCA und FMLN Stellung beziehen, handelt es sich um notwendige Diskussionen. Die Gefahr ist, dass derzeit anscheinend die wichtigsten Schlachten in öffentlichen und daher schrillen Debatten geschlagen werden. Der Ort, an dem das Wesentliche verhandelt wird, ist jedoch nicht dieser, sondern die Tiefe der Herzen. Dort entscheiden wir, ob wir dienen oder uns bedienen lassen, ob wir an die armen Mehrheiten denken oder an unseren eigenen Vorteil.
In den Exerzitien bittet Ignatius den Exerzitanten, sich mit Blick auf den Gekreuzigten zu fragen, was er für Christus getan habe, was er für ihn tue, was er für ihn tun soll. Und in den Betrachtungen des Lebens Jesu bittet man zu Beginn jeder Übung den Herrn um die Gnade, nicht taub zu sein für seinen Ruf, sondern schnell bereit, seinen heiligsten Willen zu erfüllen (Exerzitienbuch Nr. 53, 91). In der Verborgenheit des Herzens stellen sich uns diese Fragen, gleich, ob es uns – hoffentlich – leichtfällt oder schwer. Dort ist es, wo wir uns nicht fragen, ob man sich für uns entscheiden wird, sondern für wen wir uns entscheiden müssen, ob wir für die Armen eines Volkes leben und alles tun wollen, egal was aus uns wird. In der Verborgenheit des Herzens sind nur wir selbst für uns verantwortlich, wir können diese Verantwortung an niemanden abgeben.
Das scheint mir heute wichtig. Ich glaube, manchmal benutzen wir Dich, wenn auch auf subtile Weise, eher zum Jammern als zum Handeln: »Wenn jetzt Ellacu da wäre ...«, »Ellacu würde ...«. Und lass Dir auch

sagen, dass einige Dich anrufen im Namen recht fragwürdiger Anliegen.
Nun sind wir zwar nicht alle so intelligent und brillant wie Du, aber wir alle können lernen, in der Tiefe des Herzens Entscheidungen zu fällen zum Wohl der Armen dieser Welt, so wie Du es getan hast. In bewusst kraftvoller Sprache bei Deinem »Man muss das gekreuzigte Volk vom Kreuz herabholen« oder einfacher und alltäglicher: »Man muss den Karren der Geschichte schieben.«
Diese Verborgenheit bedeutet nicht den Rückzug in eine unehrliche, vom Öffentlichen abgekoppelte Privatheit. Beides steht in Beziehung zueinander, jedoch nicht so, wie es heute der Fall ist: Das Korrelat des Verborgenen scheint das Öffentliche zu sein im Sinne der Wirtschaft, der Politik und auch der Kirche sowie deren Repräsentanten. So aber hast Du das nicht gesehen. Das vorrangige Korrelat des Verborgenen ist das öffentlich sprechende Volk. Deswegen beharrtest Du darauf, dass das Volk sich Gehör verschaffe; dass es über kirchliche Aspekte nachdenke in seinen Basisgemeinden, über eher gesellschaftliche Aspekte in seinen Kommunen; dass die Leute nachdenken über die Situation des Landes; dass sie fordern, gut informiert zu werden; dass sie beide Konfliktparteien und sogar die ganze Welt spüren lassen, wie sie sich fühlen, wie sehr sie des Krieges müde sind, wie sehr sie die Gewalt leid sind, wie sehr sie den Terrorismus über haben, wie dringend eine tiefgreifende wirtschaftliche Entwicklung des Landes ist, wie nötig die Lösung des Gerechtigkeitsproblems. Kurz gesagt: Das Volk von El Salvador soll seine Stimme erheben.
Es ist nicht leicht, die richtige Richtung zu finden, um das Gute anzuschieben; deswegen hast Du Dir das

Hirn zermartert in theoretischen Analysen und in Gesprächen mit aller Welt. Es bleibt aber eine *letzte* Frage, die immer dringender wird: Wenn schon die Richtung stimmt, woher sollen wir die Kraft nehmen, diesen schweren Karren der Geschichte zu schieben? Ich finde darauf keine andere Antwort als die Hoffnung. Allerdings muss das ein bisschen erklärt werden. Einige glauben, wenn die Dinge gut stehen und so ablaufen, wie wir uns das wünschen, dann bestünde Hoffnung. So notwendig, gut und gerecht dies sein mag, Hoffnung ist es noch nicht. Hoffnung ist etwas anderes. Sie ist die Überzeugung, dass Güte möglich, dass die Versprechung keine Illusion und dass die Liebe stärker als der Tod ist. Hoffnung muss hellsichtig sein und setzt Realismus und Objektivität voraus, sie entsteht und gedeiht aber nur dort, wo es Liebe gibt. Nicht jedes Leben gibt Anlass zu Hoffnung, wohl aber das Leben Jesu, der aus Liebe das Kreuz auf sich genommen hat, schrieb vor Jahren sinngemäß der deutsche Theologe Jürgen Moltmann. Vor einigen Monaten kam er zum Beten in den Rosengarten unseres Hauses – in dem Ihr ermordet wurdet.

Oft sagtest Du, Ellacu, wenn es hier etwas im Überfluss gegeben hat, dann Liebe. Wenn wir diese Menschen des Volkes in Erinnerung halten – was ich als Tiefenströmung der Geschichte bezeichnete –, dann können wir hoffen. Und mit dieser Hoffnung samt dem von Dir ebenfalls empfohlenen Realismus werden wir handeln und das Land verändern können.

Die Hoffnung aufrechtzuerhalten ist jedoch nicht einfach, denn es gibt einen gefährlichen Trend, die Namen der Märtyrer und Gefallenen zu verschweigen, so als handle es sich um eine Angelegenheit der Pfarrer, um eine Gefühlsduselei oder gar um eine Geschmacklosigkeit. Ich bin aber immer noch der Meinung, dass die Liebe – und die Märtyrer – Hoffnung wecken. Deshalb begeistern mich Deine Worte über sie. Jedenfalls hat mich noch niemand von ihrem Gegenteil überzeugen können, auch wenn die vergangenen sechs Jahre es schwieriger machen, sie zu akzeptieren:

»Fern davon, Entmutigung und Hoffnungslosigkeit einzuflößen, bewegt das in El Salvador und in ganz Lateinamerika vergossene Märtyrerblut unser Volk zu neuem Kampfgeist und zu neuer Hoffnung.«

Ellacu, zum Schluss möchte ich die letzten, von endgültiger Hoffnung erfüllten Worte zitieren, die Du 1989 in der theologischen Zeitschrift der UCA geschrieben hast:

»Die Zeichen der Zeit künden weiterhin fest, wenn auch dunkel, von einer immer größeren Zukunft, denn jenseits aller geschichtlichen Zukunft ist der rettende, der befreiende Gott zu erspähen.«

Ellacu, hilf uns, in der Tiefe und im Verborgenen Gott zu erspähen.

Jon 5. November 1994

6. Die Kirche der Märtyrer

Lieber Ellacu,

soeben haben wir im *Centro Monseñor Romero* den »Saal der Märtyrer« eingeweiht. In diesem Saal findet sich das Beste des salvadorianischen Volkes und auch dieser Kirche, die nicht mehr die von früher ist. Von ihr will ich Dir berichten, obwohl es nicht leicht ist, über die Kirche zu sprechen, denn es herrscht Angst oder, wenn Du so willst, Vernunft. Wir tun es ehrlich und liebevoll, aber es scheint, als ob man dabei besondere Vorsicht – bis hin zur Selbstzensur – walten lassen müsste, so als wären wir nicht unter Schwestern und Brüdern. Aber auch wenn ich fürchte, dass uns nicht alle richtig verstehen, lass es uns versuchen – in der Absicht zu helfen.

Unsere Kirche hat sich verändert. Ellacu, Du würdest in ihr nicht die Kirche Romeros wiedererkennen, die denen ohne Stimme eine Stimme gab und sich den zu Lauten widersetzte. Diese Kirche erinnerte uns an Jesus von Nazareth. Es gibt in der Kirche zwar auch heute Gutes, aber es ist nicht wie früher.

Zunächst: Die Kirche stört nicht mehr sonderlich. Die seit eh und je Mächtigen fühlen sich von ihr nicht bedroht, und die Armen sehen in ihr nicht mehr die Unterstützerin und Verteidigerin von damals. Vielfältigkeit und Zersplitterung nehmen zu und die Option für die Armen erscheint nicht mehr als erstes Anliegen. Öfter als nötig tritt die Kirche Seite an Seite mit den Mächten dieser Welt auf. Einigen Geistlichen gefällt das, und die Mächtigen atmen erleichtert auf.

Von einigen Scharmützeln abgesehen gibt es keine Angriffe und Verfolgungen mehr – Du weißt genau, dass ich die, nach allem was wir durchgemacht haben, niemandem wünsche. Dieser Frieden aber lässt mir keine Ruhe, und ich glaube, Erzbischof Romero würde er Angst einflößen. Ich fürchte, dieser Wunsch, sich mit denen oben gutzustellen, führt uns in die Nähe der eitlen weltlichen Ehre, vor der uns Ignatius immer wieder warnt (Exerzitien 104 u.a.). Vor allem fürchte ich, dass er uns von dem entfernt, was Romero sagte: »Der Platz der Kirche ist das einfache Volk.«
Natürlich gibt es von der Kirche auch anderes zu berichten. Erwähnen möchte ich nur, dass die Gemeinden auf ihre Art weitermachen, dass es Ordensfrauen gibt, welche die Hoffnung der Bauern aufrecht halten, und dass wir Professoren der UCA begonnen haben, samstagnachmittags in einem Dutzend einfacher Gemeinden Theologieunterricht zu erteilen – die Leute sind begeistert. Sagen will ich Dir auch, dass die tägliche Zuversicht – das Lächeln der Armen – weiter besteht, diese Zuversicht, aus der die Salvadorianer Kraft zum Leben schöpfen – und manchmal allein aus ihr. Es gibt Gutes. In vielen einfachen und armen Menschen gibt es eine Güte, die uns sprachlos macht. Etwas vermissen wir jedoch, und deswegen möchten wir unsere Kirche wieder in die Richtung lenken, in die Ihr sie geführt habt, zum besseren Dienst an den von Gott bevorzugten Armen.
Wie sollte man das tun? Zweifellos gibt es viele Möglichkeiten; eine für mich wichtige ist, den »Saal der Märtyrer« ohne die uns manchmal vorgeworfenen Ressentiments, dafür mit Glauben und Ehrlichkeit zu betreten. Darin treffen wir auf zwei Dinge, die viel über die Kirche aussagen und über die Du Kluges ge-

sprochen und geschrieben hast. Wir treffen vor allem auf das gekreuzigte Volk, Männer und Frauen, Kinder und Greise, die bedroht durch das langsame Sterben durch die Armut am Rande des langsamen Todes der Armut lebten und die bei Massakern und Vergeltungsaktionen grausam ermordet wurden. Hier ist die Schwärze des Mordes, aber auch das Licht des Martyriums. Deine Worte habe ich oft zitiert: »Das wichtigste Zeichen der Zeit ist immer das gekreuzigte Volk.« Dieses gekreuzigte Volk, das uns in Dunkelheit taucht, ist wie der schmerzerfüllte Gottesknecht das Licht der Völker (vgl. Jes 42,6; 49,6) und wie der gekreuzigte Christus die Weisheit Gottes (1 Kor 1,23 f.). Das aber ist Kern unseres Glaubens: Vom gekreuzigten Volk kommt Licht und Heil.

Um zu unserer Kirche zurückzukommen: Dies ist ihr Platz; an der Seite des – heute auf andere Art – gekreuzigten Volkes wird sie Licht und Heil finden. Sie wird ihren Ort der Bekehrung entdecken, sie wird aufhören, weltlich zu sein, sie wird weltbezogen und salvadorianisch werden können. Sie wird zu ihrer wesentlichen Aufgabe finden, »das gekreuzigte Volk vom Kreuz herabzuholen«. Sie wird von ebendiesem leidenden Volk die Vergebung erlangen, die wir alle brauchen. Sie wird die schwierigste aller Lehren lernen: »Wie sagt man den Armen, dass Gott sie liebt?« – so die Frage von Gustavo Gutiérrez. Und entgegen allem weltlichen Kalkül wird sie wieder Hoffnung gewinnen und sie anderen vermitteln können, und zwar glaubhaft.

Die Begegnung mit dem gekreuzigten Volk ist elementar für die Kirche, um zu sich selbst und zu Gott zu finden. Die schwarzen Sklaven in den Südstaaten der USA sangen: »Were you there when they cruci-

fied my Lord? – Wart ihr da, als mein Herr gekreuzigt wurde?« Ellacu, tritt ein dafür, dass wir als Kirche mit dem gekreuzigten Volk zusammenkommen!
Im »Saal der Märtyrer« treffen wir auch auf Erzbischof Romero. Ich sage das, weil Romero immer noch ein helles Licht für die Kirche ist, aber auch, weil er für Dich ein innig geliebter, einmaliger Mensch war. Sein Glaube beeinflusste stark den Deinen, und seine Amtsführung erhellte für Dich das Wesen und das Handeln der Kirche. Er fehlt uns heute sehr. Deswegen ist es gut, sich des Fundaments zu erinnern, auf das er alles aufbaute. Du hast es so ausgedrückt:

»Seine Hoffnung stützte Erzbischof Romero auf zwei Pfeiler: Der eine, geschichtliche Pfeiler war seine Kenntnis des Volkes, dem er eine unerschöpfliche Fähigkeit zuschrieb, auch aus den größten Schwierigkeiten einen Ausweg zu finden. Und der transzendentale Pfeiler war seine Überzeugung, dass der Herr letztlich ein Gott des Lebens ist und nicht des Todes, dass das letzte Ende der Wirklichkeit das Gute ist und nicht das Böse. Romero hat den Ausspruch von Augustinus bestens verstanden: Um Mensch zu sein, müsse man mehr sein als Mensch. Eine Geschichte, die nur menschlich ist und nichts anderes sein will, würde seiner Meinung nach schnell aufhören, eben das zu sein.«

Gehen wir zurück zur Kirche. Ich habe nicht den geringsten Zweifel daran, dass Du uns auch heute Romero und seine Kirche als Vorbilder empfehlen würdest. Natürlich würdest Du sagen, dass man all das in den geschichtlichen Zusammenhang stellen muss, würdest aber hinzufügen, dass echte, nicht opportunistische Historisierung sich aus zwei Wurzeln nährt:

aus dem Volk und aus Gott. Tritt dafür ein, Ellacu, dass wir Gott finden! Nicht die Götter, die wir Menschen – auch in der Kirche – uns machen, sondern den Gott der Armen, den Gott Jesu.
Ich komme zum Schluss. Wir stammen von einer Kirche der Märtyrer, und aus ihr leben wir. Genau deshalb wollen wir keine Kirche von Toten oder gespensterhaft Überlebenden sein. Dazu aber brauchen wir Euch. An einem Denkmal in El Mozote steht über die Märtyrer: »Sie sind nicht gestorben. Sie sind bei uns, bei euch und bei der ganzen Menschheit.« Das ist wahr. Ihr seid diejenigen, die in Wahrheit leben; und wir bitten Euch deshalb, aus uns eine lebendige und belebende Kirche zu machen, eine Kirche, in welcher der Geist den Buchstaben bestimmt und nicht umgekehrt, in der das Volk Gottes Vorrang hat vor der Institution und nicht umgekehrt. Wir wollen eine Kirche, die den Männern und Frauen dient und nicht von ihnen bedient werden will, eine, die sich der Armen annimmt und sie stärkt, sie nicht infantilisiert und auf Abstand hält, eine glaubwürdige Kirche, die sich nicht durch Macht aufdrängt, eine, die Leben gibt, die weder Mutlosigkeit noch Trauer verbreitet. Wir wollen eine Kirche, die Leben erzeugt, eher Mutter als Lehrerin. Wie Du schriebst:

»Der mütterliche Charakter der Kirche bezeichnet ihre Eigenschaft als Geburtshelferin von Menschlichkeit und Heiligkeit, als Hebamme neuer Impulse und Gedanken zur Befreiung ... Wenn man die Kirche mehr durch die mütterlichen als durch die lehrenden Kräfte in ihr zum Gottesvolk ausgestaltet, wird sie in einer günstigeren Verfassung sein, um ihren Beitrag zur Befreiung der Menschen und der Geschichte zu leisten.«

Hinzufügen möchte ich noch ein Letztes. Es klingt furchtbar, löst jedoch gegen jede Logik und gegen jede Wohlgelittenheit eine seltsame Freude aus. Es sind Worte Romeros:

»Schwestern und Brüder, ich freue mich, dass unsere Kirche verfolgt wird eben wegen ihrer Option für die Armen und wegen ihres Bemühens, deren Interessen zu verkörpern ... Es wäre traurig, wenn in einem Land, in dem so entsetzlich gemordet wird, unter den Opfern nicht auch Priester wären. Sie sind das Zeugnis einer in die Probleme des Volkes inkarnierten Kirche.«

Diese Worte lassen schaudern. Du hast sie mehrfach zitiert, wenn Du im Ausland über unsere Kirche sprachst. Romero wollte mit ihnen einfach sagen, dass diese Kirche *salvadorianisch* war, dass sie nicht der ältesten und tiefsten Häresie der Kirche verfallen war: nicht *wirklich* zu sein, nicht *sarx* zu sein – Schwäche des Fleisches –, wie Jesus es war.
Ellacu, hilf uns, wieder zu dieser Kirche zu finden, zu arbeiten an der »Bekehrung der Kirche zum Reich Gottes, um es zu verkünden und in der Geschichte zu verwirklichen«, wie der Titel Deines Buches fordert! Hilf uns, eine Kirche der Armen aufzubauen! Hilf uns, ein Volk zu sein, das seinen Märtyrern die Treue hält, eine UCA, die dem christlichen Geist treu bleibt, eine Kirche, treu Erzbischof Romero, eine Kirche der Frohen Botschaft, der Freude und der Hoffnung!

Jon 11. November 1995

7. Mit Erzbischof Romero ist Gott durch El Salvador gegangen

Lieber Ellacu,

dieses Jahr denken wir ganz besonders an Erzbischof Romero, da in den vergangenen Tagen ein wichtiger Schritt zu seiner Heiligsprechung getan wurde. Darüber möchte ich mit Dir sprechen, denn ich glaube, dass der Verlauf dieses Kanonisierungsprozesses wichtig sein wird für die Kirche und für das Land.
Für die meisten Leute ist Romero ein Heiliger, sei er nun kanonisiert oder nicht. Letzthin meinte jemand: »Sie kommen zu spät, der Erzbischof ist schon heilig!« In dieser unserer Welt aber ist auch das Institutionelle wichtig und es wäre gut, wenn er offiziell heiliggesprochen würde. Nun, diese einerseits so ermutigende Angelegenheit der Kanonisierung flößt mir auch ein wenig Angst ein. Es ist die Angst, dass ein guter, mildtätiger, priesterlicher, letztlich aber verwässerter Erzbischof heiliggesprochen wird. Es ist etwas an Euch Märtyrern von El Salvador, was die Mächtigen und die institutionalisierte Kirche beunruhigt und weswegen Ihr nicht ganz akzeptiert werdet. Du erinnerst Dich gut daran, wie er zu Lebzeiten von der Hierarchie angegriffen wurde, und auch, dass zu seinem Begräbnis nur der treue Freund Bischof Rivera erschienen ist. Nach seinem Tod hat die offizielle vatikanische Stellungnahme die Dinge etwas, aber nicht sehr gebessert: Romero sei ein guter, aber beschränkter und vor allem von den Jesuiten gegängelter Mensch gewesen. Erst Johannes Paul II. änderte 1983

beim Besuch des Grabes diese Sichtweise und sprach von Romero als einem »eifrigen und verehrten Hirten«.

Unmittelbar darauf wurden in der Erzdiözese die ersten Schritte zu seiner Heiligsprechung unternommen. Es scheint also, als sei Erzbischof Romero institutionell rehabilitiert. Aber heiliggesprochen ist er immer noch nicht. Vor allem habe ich noch immer Angst, dass er nicht im Ganzen, eben so wie er war, akzeptiert wird, dass er uns ohne die Tiefgründigkeit seines Lebens dargestellt wird, dass er nicht mehr alle herausfordern kann. Ich fürchte, dass man ihm die Kanten und das prophetische Feuer nehmen wird, so dass selbst jene, die seinen Tod gewünscht und gefeiert haben, problemlos seiner Kanonisierung beiwohnen können – was Gott verhüten möge.

Wir werden sehen. Offiziell betont man, Romero sei vor allem Gottesmann und Priester gewesen. Aber obwohl das sehr wahr ist, scheint es mir eine Verkürzung zu sein; es sagt nicht die ganze Wahrheit und scheint mir gefährlich, weil es die zentrale Wahrheit verschweigt, auch wenn hinzugefügt und anerkannt wird, dass Romero die Option für die Armen getroffen hat. Um den »wahren« Romero zu kanonisieren, muss dazugesagt und in den Mittelpunkt gestellt werden, dass er ein vorbildlicher Salvadorianer war und sich deshalb mit einer Wirklichkeit von Konflikt und Tod, aber auch Hoffnung auf Befreiung identifiziert hat; dass er Verteidiger der Armen war und deshalb von ihnen geliebt und verehrt wurde; dass er Prophet war und Ankläger der militärischen, politischen und oligarchischen Machthaber und deshalb von ihnen gehasst wurde; dass er Stimme derer war, die keine Stimme haben, und deshalb zur Gegenstimme wurde für die, die immer das Sagen haben; dass er gläubig war und ein Mann Gottes und deshalb erbitterter Gegner der Götzen; zusammengefasst, dass der wahre Romero für die Gerechtigkeit eintrat und für den Gott des Lebens und dass er deshalb gegen Ungerechtigkeit kämpfte und gegen die Götzen des Todes. Das war der ganze, der wahre Romero. Dieser und kein anderer war Romero, der als Märtyrer starb. Wir wollen, dass dieser und kein anderer Romero heiliggesprochen wird.

Ellacu, das ist meine größte Befürchtung; daneben habe ich andere, kleinere. »Die öffentliche Verehrung Romeros ist nicht zulässig«, sagt man uns, weil irgendein Kanon das verbietet. Die wichtigste Form der Verehrung Romeros ist aber, ihm in der Geschichte zu folgen; und auch wenn diese Gefolgschaft im Verborgenen des Herzens beginnt, muss sie doch öffentlich werden, damit die Menschen sie sehen und Gutes tun – und das haben wir bitter nötig. Angst habe ich auch vor der kasuistischen Frage, ob Romero aus Hass gegen den Glauben oder aus Hass gegen die Gerechtigkeit ermordet wurde; als ob wir trennen könnten, was der Herr zusammengetan hat: den Glauben an Gott und die Gerechtigkeit in dieser Welt.

Gehen wir nun zur Hoffnung über. Die Heiligsprechung des wahren Romero ist eine großartige Nachricht und niemand könnte sie uns besser erklären als Du. Ellacu, wenn ich mich nicht täusche, verdankst Du Romero den Glauben, so wie Du ihn im reifen Alter gelebt hast, als Du Deine tiefgreifendsten Entscheidungen getroffen hast, in jener Zeit, als die Schwärze der Sünde Gott am stärksten verdunkelte, als Du aber auch, wie noch kurz vor Deinem Martyrium, sagtest, man könne »den heilenden Gott«[4] erspähen. Du hast auch gesehen, dass Romero Zugang zu den Herzen der Mehrheit fand wie kein anderer. Durch Deine eigene und die Erfahrung der Menschen bist Du zu der Überzeugung gekommen, dass es gut sei, einen Erzbischof wie Romero zu haben. Und das ist es, was Du in Worte gefasst hast.

»Erzbischof Romero, ein Gesandter Gottes zur Rettung seines Volkes«, hast Du 1981 in Deinem zweiten spanischen Exil geschrieben. Ellacu, heute spricht, von ehrenwerten Ausnahmen abgesehen, niemand mehr davon, »ein Volk zu retten«, Kirchenleute nicht und schon gar nicht Politiker. Wir kommen überhaupt nicht auf den Gedanken, dies könne unsere Aufgabe sein, und haben tausend subtile wie auch plumpe Gründe gefunden, uns vor ihr zu drücken. Es ist aber der Kern dessen, was Du in Romero gesehen hast. Und diese Aufgabe ist das, was uns in der Geschichte zu Menschen und Christen macht. Es ist »die edelste Sache der Menschheit«, wie Rutilio Grande es feierlich ausdrückte.

»Mit Erzbischof Romero ist Gott durch El Salvador gegangen,« hast Du vier Tage nach seinem Tod in der großen Aula der UCA gesagt. Gott, das letzte Mysterium unseres Lebens, vergegenwärtigte und verkörperte sich für Dich in Romero. Je weniger Gott in der tragischen Wirklichkeit erkennbar war, desto mehr zeigte er sich für Dich in der Wahrheit und Liebe von Erzbischof Romero. Wie viele vergebliche Versuche gab es, Romero von dieser Erde zu trennen und ihn im Himmel zu verstecken! Und damit verbunden die häufig beschworene Gefahr, der so viele Geistliche zum Opfer fallen: »Da sie nicht von dieser Welt sind, glauben sie, sie seien des Himmels. Da sie die Menschen nicht lieben, glauben sie, sie liebten Gott.«[5] Bei

Romero war es umgekehrt: »Weil er von dieser Welt war, war er Bürger des Himmels. Weil er die Menschen geliebt hat, liebte er Gott.« So sahst Du Gott in Erzbischof Romero, und so zeigte Erzbischof Romero Dir Gott.

Das ist alles, Ellacu. Du siehst, dass Romero immer noch von sich reden macht, und mit ihm auch Ihr. Auch Ihr habt für die Rettung dieses Volkes gelebt, und auch mit Euch ist Gott durch El Salvador gegangen. Wir werden Euch, Romero und alle anderen Märtyrer, nicht vergessen. Deine Worte werden uns helfen, uns in den Wechselfällen der Kanonisierung zurechtzufinden, vor allem aber werden sie uns helfen, zu leben wie er, wie Ihr, wie Jesus. Ellacu, hilf uns, den wahren Romero nicht zu vergessen! Und vor allem hilf uns, ihm zu folgen!

Jon 9. November 1996

8. Den Rückschritt der Kirche umkehren

Lieber Ellacu,

wir hier vergessen Euch nicht, aber natürlich erinnern sich nicht alle an Euch. Die Modernisierung im Lande predigt Toleranz, aber noch gibt es bei den regierenden und mächtigen Schichten nicht den Mut anzuerkennen, was ihr für das Land getan habt, zu danken für den Beitrag Eures Lebens und die Liebe Eures Todes. Darüber habe ich mich oft geärgert, aber ich habe es akzeptiert als Bestandteil des Mysteriums des Bösen. Sie haben die Besten getötet und wollen sie jetzt schön unter der Erde halten. Ellacu, wir haben uns gebessert, aber nicht so weit, dass wir die Ehrlichkeit besäßen, um Vergebung zu bitten, und schon gar nicht – denn es wurde vergeben: »Ich verzeihe und segne jene, die mich vielleicht ermorden«, sagte Erzbischof Romero – die Ehrlichkeit, zu danken.
Das bringt mir Dostojewskis Erzählung vom Großinquisitor in den Sinn. Der Erzbischof von Sevilla war ein Kirchenfürst, der genau wusste, wer Jesus Christus war, bis ihm eines Tages Jesus Christus persönlich erschien. Sie unterhielten sich, und zum Schluss bat der Inquisitor eindringlich: »Herr, komm nicht wieder!« Dieses »komm nicht wieder!« setzt sich in der Geschichte fort und ist eins der Grundübel unseres Landes und unserer Welt. Wenn sich die Großen bei den Vereinten Nationen oder anderen internationalen Foren treffen, seid Ihr Märtyrer nicht dabei, man holt Euch nicht zurück, man lässt Euch nicht wiederkom-

men. Es ist das, woran sie am wenigsten Interesse und wovor sie wohl am meisten Angst haben.
Und auch in der Kirche hört man, mal als dumpfen Schrei, mal als feines Wispern, ein »kommt nicht wieder!«, »komm nicht wieder, Medellín!« 1992 gab es unter den Vorbereitungsdokumenten für Santo Domingo schöne Seiten über die Märtyrer Lateinamerikas, und da waren auch Erzbischof Romero, Julia Elba und Ihr von der UCA. Im Abschlussdokument aber wart Ihr so gut wie verschwunden, so als habe eine geheimnisvolle, unsichtbare Hand die Dinge zur Normalität der Kurien zurückführen wollen. Und in diesen Tagen wird zum ersten Mal in der Kirchengeschichte eine gesamtamerikanische Synode, von Kanada bis Patagonien, stattfinden. Durch einen ironischen Zufall beginnt die Synode in Rom – nicht in Lateinamerika – am 16. November zu genau der Stunde, an der wir hier Eures Todes gedenken und die Nachtwache halten werden.
Ich lasse hier ein bisschen Dampf ab, Ellacu, und wie José Ignacio González Faus weise empfiehlt, tue ich es mit Humor. Ich tue es aber auch in ohnmächtigem Zorn, denn es ist keineswegs leicht, die Mauer aus Schweigen und Gleichgültigkeit – und oft aus Lügen – einzureißen, welche die großen neuen »Modernisierung« und »Globalisierung« genannten Erfindungen errichtet haben, um das Menschliche zu verdecken, um das Eure zu verbergen: die große Liebe. Ich sage es aber auch mit salvadorianischem und christlichem Starrsinn.
Hier im Land erinnert man sich an Euch. Von Jahr zu Jahr nimmt die Zahl der Besucher zu, der Gesänge und Gebete, der Tränen der Trauer und der Freude. Es könnte auch anders sein, aber so ist es. In diesem

kleinen Lande, dem man so viel von seinem Körper und von seiner Seele rauben wollte, ist die Dankbarkeit nicht verlorengegangen. Sie ist das Beste am salvadorianischen Starrsinn. Ihr seid immer noch gegenwärtig.

Wir behalten den christlichen Starrsinn, das »Denk daran!« (Dtn 15,15 u.a.) Gottes an sein Volk und das »Tut dies zu meinem Gedächtnis!« (1 Kor 11,24; Lk 22,29) Jesu, als er das Brot teilte vor seinem Opfergang. Es ist uns klar, dass wir, solange wir den Mut zur Erinnerung besitzen, auch den Segen der Hoffnung haben. Arm und unglückselig sind diejenigen, die Euch vergessen, auch wenn sie glauben oder zumindest behaupten, dass sie jetzt – ohne Euch – eine andere Gesellschaft aufbauen, in der die Gebrechen der Vergangenheit geringer werden oder verschwinden. Schön wäre es, wenn das stimmte. In Wirklichkeit aber fehlt ihnen das Licht, das Vermögen, weit zu sehen und alle zu sehen. Don Pedro Casaldáliga versteht es, die Dinge beim Namen zu nennen: »Wehe den Völkern, die ihre Märtyrer vergessen!«

Was gibt es zu erinnern? Den Fleiß und die Diensteifrigkeit der Köchin Julia Elba, die Güte Amandos, das Charisma des Gewerkschafters Polín, die Predigt jenes Jesús, der nicht aus Nazareth war, sondern ein Bauer aus El Salvador, den Romero als den »Mann des Evangeliums« bezeichnete, die Wahrheitsliebe Erzbischof Romeros. Und so viel anderes mehr. Von Dir, Ellacu, möchte ich hier nur zwei Fragen in Erinnerung rufen, die uns drängen: Was tun mit unserer Geschichte, und was muss unsere Kirche tun?

Ich habe mehrfach darüber nachgedacht, weiß aber nicht, ob mit Erfolg. Eine Woche vor Deiner Ermordung schriebst Du in Barcelona, die Geschichte müsse Schritt für Schritt und natürlich mit Beteiligung aller umgekehrt werden. Du warst weder naiv noch Idealist, wie heute diejenigen behaupten, die all das verschwinden lassen wollen, was sie als utopischen Enthusiasmus bezeichnen. Aber Du warst auch weder zynisch noch unbarmherzig – was weit häufiger ist –, und deshalb nanntest Du im Einklang mit dem Schmerz Deiner Seele die Dinge bei ihrem Namen. »Umkehren« bedeutet weder Kosmetik noch einfach ändern noch so ändern, dass alles weitergeht wie bisher.

Nun gut, seit den Friedensvereinbarungen und dem Ende des Krieges hat es in unserem Lande tatsächlich Veränderungen gegeben – Veränderungen, die gewiss zu einem guten Teil erst durch Euer Martyrium möglich wurden; früher hat man das noch gesagt, heute aber erinnern sich die Mächtigen schon nicht mehr daran. Heute haben die »Spielregeln der Demokratie« mehr Gültigkeit, und ich meine »Spielregeln« nicht ironisch. Es gibt mehr Redefreiheit oder zumindest weniger Angst zu reden. Viele Gebildete und Personen des öffentlichen Lebens »diskutieren« mit Begeisterung, was auch in Ordnung ist, solange sie achtungsvoll niederknien vor dem Indiskutablen: den Opfern des Elends.

Neben diesen Veränderungen gibt es Dinge, die praktisch gleich geblieben sind; eine »Umkehrung der Geschichte« hat jedenfalls nicht stattgefunden. Die Gewalt grassiert immer noch, Armut und Elend bestehen weiter in aller Grausamkeit, noch immer sehen sich viele Salvadorianer gezwungen auszuwandern, die Abhängigkeit vom Ausland, von der Weltbank, dem Internationalen Währungsfonds und der einseitig verstandenen Globalisierung besteht nach wie vor. Die

Inkulturation hält sich und wächst, aber im verkehrten Sinne: Von Mal zu Mal sind wir weniger salvadorianisch; wir singen und kleiden, was uns das Imperium anbietet, schauen im Fernsehen die spanische Fußball-Liga und die europäische Champions League, wir sehnen uns nach dem Prunk der Feierlichkeiten in reichen Ländern, also nach dem, was andere für uns beschlossen haben. Das Schlechte daran ist nicht die Öffnung zum Ausland, sondern die Motive, aus denen heraus uns all diese Dinge vom Ausland aufgedrängt werden: um an uns Geld zu verdienen und um uns kulturell zu unterwerfen. Nicht nur als Personen, sondern auch als Land werden wir als »konsumierendes Objekt« betrachtet. Es gibt also Veränderungen; aber die Geschichte haben wir kaum umgekehrt, und die Mächtigen wollen davon nichts wissen. Das bleibt aber notwendig. Es gibt Dinge, die nicht nur geändert, sondern umgekehrt werden müssen. Umgekehrt werden muss die Entwertung des Wortes, auf dass man nicht mehr straflos sagen kann: »Es geht uns sehr gut«, während die Mehrheit sagt: »Es geht uns sehr schlecht«. Umgekehrt werden muss, was im Gleichnis vom reichen Prasser und vom armen Lazarus zur Sprache kommt; es ist Ausdruck unserer Situation vor, während und nach dem Krieg.
Das andere, woran ich Dich erinnern möchte, ist Deine Vision dessen, was die Kirche sein sollte. Deine Freude über das Zweite Vatikanische Konzil, über Medellín, über Erzbischof Romero und über die Basisgemeinden war eine klare Sache. Du warst ja ein Mann der Kirche. Darum aber warst Du auch sehr fordernd, Du übtest Kritik, wenn Du sahst, dass die Kirche nicht die Jesu war oder, schlimmer noch, gegen Jesus. Du sagtest:

»Als universale Aufgabe in der Geschichte müsste sich die Kirche stellen, dafür zu sorgen, dass die Menschen mitleidvoll auf diese ausgebeutete und massakrierte Menschheit schauen ... Vielleicht entsteht so eine neue Menschheit und wird eine Kirche wiedergeboren, die mehr Glanz und weniger Flecken und Runzeln hat, größeren prophetischen Elan, mehr Ähnlichkeit mit Jesus, der für unsere Sünden starb, getötet wurde von denselben Gottlosen und Mördern, wie es sie immer gab.«

Umgekehrt werden muss die sündhafte Tendenz der Kirche: ihre Distanzierung von den Armen, ihre Nähe zu den Mächtigen, ihre Diskriminierung innerhalb der Kirche, die Angst, die sich in ihr breitmacht vor dem Dialog, davor, sich gegenseitig die Wahrheit zu sagen. Es wird behauptet, man dürfe nicht anachronistisch, unvernünftig, masochistisch sein. Man darf aber auch nicht betrügen oder dem Selbstbetrug verfallen. Man darf kein verwässertes Christentum pflegen, das zu Opfern und Henkern in gleicher Weise spricht. Wie Bonhoeffer sagte, darf man aus dem Christentum keine billige Gnade machen. In den hohen Rängen der Hierarchie muss die Tendenz umgekehrt werden, die Kirche nicht mehr als salvadorianisch zu betrachten, nicht mehr die Beklemmung der Armen mitzuleiden und ihre Freuden mitzugenießen. Ellacu, wenn wir uns Eurer erinnern, erinnern wir uns an eine Kirche, die vor allem salvadorianisch war und wirklich. Und wir erinnern uns an eine heilige Kirche, geheiligt durch die alltägliche Arbeit und Hingabe, geheiligt durch das Blut der Liebe.

Ellacu, ich schließe mit Worten, die ich von Dir 1980 bei einem Kurs über Ekklesiologie gehört habe: »Die letzte Waffe der Kirche der Armen ist die Heiligkeit.«

Ich glaube, dass es Heiligkeit gibt unter uns, auch wenn sie nicht so aussieht, wie in den geistlichen Büchern dargestellt. Ich glaube, es gibt – auch heute noch – Menschen, die zur Umkehrung der Geschichte entschlossen sind; die Mehrheit der einfachen Leute tut es mit ihrem täglichen Leben, Leiden und Feiern. Ich habe das »ursprüngliche Heiligkeit« genannt. Ich glaube, es gibt zur Errichtung einer Kirche der Armen entschlossene Menschen, die gemeinschaftlich handeln, die sich bilden und ausbilden, die Prophetie üben und teilen.
Ellacu, halte unsere Hand bei diesen zwei Aufgaben, die Geschichte umzukehren und eine salvadorianische Kirche zu errichten!

Jon 8. November 1997

9. Hurrikan Mitch

Lieber Ellacu,

Euch zu schreiben ist so ähnlich wie an unseren Gott zu schreiben. Er antwortet nicht, oder es scheint, als ob er nicht antwortet, aber sein Schweigen ist eine Einladung und die Aufforderung, unsere Übel selbst zu beheben. Über zwei derselben möchte ich heute mit Dir reden: über die Tragödie des Hurrikans Mitch, unter der Mittelamerika dieser Tage leidet, und über die altbekannte Schwierigkeit, die Wahrheit zu finden und zu sagen. Und ich weiß nicht, was schwerer ist: uns von der Lüge zu heilen oder von den Naturkatastrophen.

Groß sind unsere Sorgen in diesen Tagen: die Schleusen des Himmels haben sich geöffnet, und auf der Erde konnten wir den Regen nicht aufhalten; teilweise haben wir uns nicht einmal darum bemüht. Es ist Mitch. Wir warten auf den Regenbogen, der uns wieder das gütige Gesicht Gottes zeigt. Und ebenso warten wir auf ein noch größeres Wunder: dass das Mitleid, das heute viele zeigen, sich als »nachhaltiges Mitgefühl« erweist – so nennt es die Wirtschaftswissenschaft – und dass so das Leben erträglich bleibt.

Die Szenen waren entsetzlich. Menschen kletterten auf der Flucht vor dem Wasser auf Bäume und wurden schließlich doch überflutet. Andere marschierten fünf Tage, um festes Land zu erreichen. Leute stecken bis über die Hüfte im Schlamm; sie leben noch, aber es ist unmöglich, zu ihnen zu kommen und sie zu retten. Die Zahlen sind grauenhaft: In Mittelamerika

gibt es Zehntausende von Toten und Verschwundenen. Die Zahl der Geschädigten geht in die Millionen. Die Schlagzeilen sind kaum zu glauben, kommen aber der Wahrheit nahe: Honduras ist zu 75 % verschwunden. Und so könnte man fortfahren.
All das erfüllt uns mit Entsetzen, aber auch mit Empörung und mit ohnmächtigem Schweigen. Empörung, weil es Regierungen und Technikern möglich gewesen wäre, besser vorzusorgen und die Leute vorzubereiten. Letzten Mittwoch wusste die Regierung in El Salvador schon, dass sich der Sturm näherte, und wenn man die Schleusen früher geöffnet hätte, wären die Brücken nicht durch das Wasser zerstört worden. Und natürlich ist es den Armen viel schlimmer ergangen als den Reichen.
Katastrophen haben ein anbahnendes »Vorher«: die Armut. Schon bevor der Himmel sich öffnet oder die Erde bebt, gibt es Tausende von Menschen, die zum Untergang bestimmt sind. Naturkatastrophen beginnen mit der Armut. Und sie haben ein »Nachher«. Immer aufs Neue tritt die Sünde gegen die Armen in Erscheinung: Korruption und Unterschlagung von Hilfsgütern, Schamlosigkeit wie die des Präsidenten von Nicaragua: »Hier lassen wir keine Hilfsflugzeuge landen, weil sie aus Kuba kommen.« Und wenn Hilfe kommt, muss man oft an Heuchelei denken. Länder, die Zerstörungswaffen in Milliardenwert geliefert haben, schicken jetzt ein paar Millionen für die Geschädigten und gackern stolz darüber.
Aber es gibt auch großzügige Hilfe, urwüchsige Solidarität der Menschen, denen sich das Herz umdreht beim Anblick von so viel Leid. Das weckt Hoffnung. Es lässt davon träumen, dass die Menschenfamilie möglich ist, dass das Menschenherz niemals ganz aus

Stein besteht und sich in ein Herz aus Fleisch verwandeln kann (vgl. Ez 36,26). Jetzt besteht Einigkeit darin, dass geholfen werden muss, dass wir Unmenschen sind, wenn wir nicht helfen. Und merkwürdigerweise – mich begeistert es – wird bei den Hilfsappellen weder die »Demokratie« noch der »Neoliberalismus« angerufen, nicht einmal – richtig verstanden – die »Religion«. Es wird an das Tiefste appelliert, an unser Bestes, an das, was Gott am Anfang frei von bösem Willen gemacht hat.

Mitgefühl ist möglich, aber tragisch und infam ist, dass es bei Naturkatastrophen stärker und öfter in Erscheinung tritt als bei geschichtlichen Katastrophen. Der diesjährige Bericht der Vereinten Nationen bestätigt es wieder. Die drei reichsten Menschen auf der Erde besitzen ebensoviel Mittel wie die 48 ärmsten Länder zusammen. Und mit dem, was die Erste Welt für Tierfutter ausgibt, könnte der Hunger sämtlicher Menschen gestillt werden. Es ist dasselbe wie immer, der Reiche und der arme Lazarus, und es scheint, als gäbe es kein Mittel dagegen, selbst »wenn jemand von den Toten aufstünde« (Lk 16,31). Auch wenn der Begriff nicht mehr gebräuchlich ist, besteht zwischen beiden eine, wie Du sagtest, »dialektische« Beziehung. Johannes Paul II. hat uns in Kuba feierlich daran erinnert: »Die Kluft zwischen Armen und Reichen wächst. Es gibt Reiche, die immer reicher werden auf Kosten von Armen, die immer ärmer werden.« Es genügt nicht, sich zum Verständnis solcher Unmenschlichkeit auf den Faktor »Gott« zu berufen.

Nachdem all dies über die Menschen gesagt ist, gibt es etwas über Gott zu sagen. Die Leute hier sind so fromm, dass sie auch jetzt noch Schutz bei ihm suchen. Aber ich frage mich, warum uns Gott verlässt.

Ich denke an Jesus am Kreuz, als er fragte: »Mein Gott, mein Gott, warum hast Du mich verlassen?« (Mk 15,34; Mt 27,46). Es ist wahr, keine Antwort tröstet die Seele. Aber manchmal sagen die Antworten etwas aus. »Wo war Gott in Auschwitz?« »In Auschwitz«, antwortete jemand, der dort war. Und er war auch in denen, die nach den Verwüstungen von Mitch geholfen haben.

Ich kann diese Worte nur stammeln. Um uns nach Gott zu fragen, müssen wir fähig bleiben, uns über menschliches Leid zu *empören*, und dabei zulassen, dass in dieser Empörung etwas Unwiederbringliches steckt. Wir können uns der *hoffenden* Utopie hingeben, dass Gott – mit oder ohne Macht, das Leiden zu überwinden – doch die Kraft habe, im Menschen die Hoffnung zu erhalten »trotz allem«, wie Eli Wiesel, Auschwitz-Überlebender, sagte. Wir müssen die Ehrlichkeit haben, uns »einer furchtbaren Wirklichkeit zu stellen«, und die Bereitschaft, sie »anzunehmen und auf uns zu nehmen«, den Entschluss, Gerechtigkeit zu üben und demütig mit Gott durch die Geschichte zu gehen, im Dunkeln und mit Widerreden, aber immer. Ellacu, ich glaube, in diesen Worten würdest Du Dich gut wiedererkennen.

Gehen wir nun über zu einem anderen, sich permanent wiederholenden Unheil unserer Tage. Ellacu, die Wahrheit ist immer noch die große Unterdrückte – weil sie die Opfer verteidigt und die Armen stärkt. Einen Moment lang gab es hier Wahrheit, zumindest einen Hauch davon. Das war 1993 mit dem Wahrheitsbericht der Vereinten Nationen. Nicht dass er die ganze Wahrheit beschrieben hätte oder dass darin die Namen wichtiger Politiker und Gouverneure aufgetaucht wären, denn auch in einer Demokratie setzt die

Politik der Ehrlichkeit und dem Mut zur Wahrheit Grenzen; aber wenigstens war er ein Hoffnung weckender Versuch.
Seither predigen die Mächtigen des Landes und manchmal sogar einige Kirchenfürsten das Vergessen, will sagen, die Straffreiheit. So kommt es, dass wer nach den Anstiftern des Mordes an den vier nordamerikanischen Ordensfrauen fragt oder darauf besteht, Menschenrechtsverletzer vor Gericht zu stellen, Schweigen erntet, sarkastisches Grinsen, den Vorwurf, unrealistisch oder gar nachtragend zu sein. Ganz allgemein beschuldigen die Parteigänger der Unterdrücker diejenigen, die auf der Seite der Opfer standen, nachtragend zu sein. Eine wahre Infamie.
Das passiert natürlich nicht nur in El Salvador. In Guatemala beobachten wir ein tragikomisches Schauspiel bei der Verhandlung des Mordes an Bischof Juan Gerardi und begegnen, leider im Ernst, wieder einmal der Straflosigkeit und dem Vergessen: Das Land hört nicht mehr auf die »Erinnerung des historischen Gedächtnisses: Nie wieder in Guatemala« und dankt Bischof Gerardi nicht für das Gute, das er getan hat – unendlich viel mehr als Regierung, Militär und Geschäftsleute.
Abschließend möchte ich zu dieser Frage der unterdrückten Wahrheit anmerken, dass tausende von Hindernissen aufgebaut werden, um Pinochet nicht vor Gericht zu stellen. Wenn ich über unterdrückte Wahrheit spreche, ist anzumerken, dass es tausend Gründe gibt, z.B. auch Pinochet nicht vor Gericht zu stellen. Traurig ist erstens, dass Pinochets Anwälte sich in ihrem Bemühen, mit Argumenten des internationalen Rechts die Verhandlung zu verhindern, nicht einmal trauen, die ihm zur Last gelegten Taten beim

Namen zu nennen: Verantwortung für Folterungen und Morde und das Verschwindenlassen von Menschen. Vielen Ohren im eleganten, zufriedenen Westen klingt das einfach zu stark.
Zweitens ist es traurig, dass den Opfern und ihren Angehörigen sämtliche Rechte verweigert werden. Sie dürfen nicht vor Gericht als Kläger auftreten, und sie erfahren nicht einmal die Genugtuung, von Pinochet um Vergebung gebeten zu werden. Und da Pinochet sich weigert, bei der Suche nach den Verschwundenen mitzuwirken, werden sie noch des elementarsten Trostes beraubt. »Utopie«, werden Realisten und Pragmatiker sagen, »Menschlichkeit« jene, die sie noch nicht verloren haben. Wundern sollte man sich natürlich nicht. Um Deine Worte zu paraphrasieren, Ellacu: Wenn man Rechte haben will, ist es besser, ein mächtiger Mörder zu sein als ein armes und unterdrücktes Opfer.
Die gute Nachricht kommt diesmal aus Südafrika. Vor einer Woche hat Bischof Desmond Tutu den Bericht der Kommission für Wahrheit und Versöhnung an Nelson Mandela überreicht. Darin wird endlich ausgesprochen, dass die Apartheid ein Verbrechen gegen die Menschlichkeit ist; was man aber auch von der Tatsache sagen könnte, dass 1,3 Milliarden Menschen von einem Dollar täglich leben müssen. Und Bischof Desmond Tutu spricht genau das aus, was wir hier in El Salvador schon so oft gesagt haben: »So schmerzhaft diese Erfahrung auch war, wir sind doch überzeugt, dass ohne Wahrheit die Wunden nicht heilen können.« Es ist wirklich erfreulich, Bischöfe wie Gerardi, Desmond Tutu und andere mit so säkularen und weltlichen Angelegenheiten wie einem Wahrheitsbericht befasst zu sehen. Vielleicht retten sie

das Christentum aus der Geringschätzung, in die es vielerorts gefallen ist.
Ellacu, wie Du siehst, gibt es immer noch viel unterdrückte Wahrheit in der Welt, aber die Schlacht zu ihrer Befreiung geht weiter. Sie ist sehr ungleich: Billionen von Dollars, Waffen, Kommunikationsmittel und manchmal sogar Justizeinrichtungen auf der einen – Willen, Überzeugung und Mitleid auf der anderen Seite. Wozu hat uns Gott zu Wahrheit suchenden Wesen gemacht, wenn das so ist? Warum hat er uns Worte gegeben, um die Wahrheit auszusprechen? Warum hat er die Wahrheit in so wehr- und mittellose Hände gelegt? Tatsache ist jedoch, dass es immer noch der Wahrheit verpflichtete Leute gibt. Sind wir verbohrt? Sind wir altmodische, starrsinnige Salvadorianer? »Wird sich zeigen«, wie man hier sagt. Gewiss ist, dass mit Wahrheit das Land aufgebaut werden kann und dass es ohne sie einigen mehr, anderen weniger gehören wird.
Wir vergessen Euch nicht.

Jon 7. November 1998

10. Drei Bitten: Engagement, Hoffnung und Ernsthaftigkeit gegenüber Gott[6]

Lieber Ellacu,

in diesem Jahr erinnern wir besonders an die Wichtigkeit des »Sinns, zu leben«. Deshalb ist dieser Brief eine Art Bittgebet. Ein jeder wird für sich selbst wissen, worum er Euch bittet; meiner Ansicht nach brauchen wir aber vor allem drei Dinge, um das Land und die Kirche aufzurichten. Sie sind nicht gerade im Überfluss vorhanden, was niemanden zu stören scheint. Ihr dagegen habt sie gelebt, und Du hast sie außerdem gründlich durchdacht.

Das ernsthafte Engagement für die Mehrheiten. Das Engagement der vergangenen Jahre, jener Menschen, die Ungerechtigkeit, Unterdrückung und Lüge ausrotten und das Gottesreich errichten wollten, ist heute nicht mehr zu spüren. Es herrscht kein Mangel an gerechten und edlen Anliegen, aber es ist nicht leicht, genügend Personen und Einrichtungen zu finden, die für diese Anliegen arbeiten und sich opfern würden. Schon gar nicht solche, die es bedingungslos und bis zum Ende täten.

Ihr habt Euch sehr wohl engagiert, und Du hast dafür auch gute Theorien entwickelt. Du hast dem Engagement Letztgültigkeit gegeben, indem Du sagtest, um einfach menschlich zu sein, müsse man »sich der Wirklichkeit annehmen« und sie »auf sich nehmen«. Und Du hast es ohne jeden Kompromiss historisiert:

Man soll sich nicht für irgendetwas engagieren, sondern es geht darum, »die Geschichte umzukehren«. Viele wollen sich nicht mehr an diese Seite von Dir erinnern; sie ziehen es vor, an Deine – unbestrittene – Objektivität und Deinen Realismus zu denken, sich sogar darauf zu berufen, nicht aber an die Prophetie und Utopie, die Dein Engagement für dieses Volk geleitet haben. Bei dem Engagement für die »Umkehrung der Geschichte« hast Du Dein Leben eingesetzt und es verloren. Nun gut, einige kirchliche Würdenträger präsentieren uns einen verwässerten Romero und einen gezähmten Ellacuría; das ist kein Zufall.

Dieses ernsthafte und unumstößliche Engagement, das sich nicht nach dem Wetter wendet, das brauchen wir heute. Es gibt dafür letztlich keine Vernunftgründe. Was bewegt, sind Beispiele an Klarheit, Mut und Hingabe bis zum Ende. Das hast Du uns in Deinem politischen Testament hinterlassen, der Rede in Barcelona zehn Tage vor Deiner Ermordung. Mit großer Klarheit sprachst Du von der »Notwendigkeit, kulturelle, wirtschaftliche und politische Modelle zu schaffen, die eine Zivilisation der Arbeit zur Ablösung der Zivilisation des Kapitals ermöglichen«. Und Du hast mit Kühnheit und Ausdauer – dem paulinischen Freimut – Worte gesprochen, wie man sie heute nicht mehr hört: »Das, was ich an anderer Stelle als koprohistorische Analyse bezeichnet habe, also die Untersuchung der Ausscheidungen unserer Zivilisation, scheint darauf hinzuweisen, dass sie schwer krank ist und zur Vermeidung eines unheilvollen und tödlichen Verlaufs der Versuch notwendig ist, sie von innen her zu verändern.«

Diese Worte sind noch heute gültig. Ohne Personen wie Euch kann man sich leicht, gebildet, postmodern und hoffentlich nicht im Namen einer Religion mit dem zufriedengeben, was Weltbank und Internationaler Währungsfonds jetzt sagen, oder, schlimmer noch, wie der Priester und der Levit des Gleichnisses einen Umweg machen, um nicht ein ganzes Volk darniederliegen zu sehen, um nicht seine Wunden zu waschen und es an einen sicheren Ort zu bringen. Mit Personen wie Euch ist es leichter, sich zur Rettung eines Volkes zu entschließen.

Mit dem Engagement hast Du die *Hoffnung* vereint. »Nur auf utopische und hoffnungsvolle Weise kann man glauben und den Mut haben für den Versuch, zusammen mit den Armen und Unterdrückten der Welt die Geschichte umzukehren, sie umzustürzen und in eine andere Richtung zu stoßen.« Nun gut, auch diese zum Engagement bewegende Hoffnung ist nicht gerade reichlich vorhanden. Wünsche gibt es viele, Hoffnung kaum; und dafür mangelt es nicht an Gründen. Es ist eben so, dass die Hoffnung letztlich nicht von Berechnungen lebt, sondern von der Kraft der Liebe. Und davon sieht man, was öffentliches Leben und Ausformung der Gesellschaft betrifft, fast nichts in unseren Tagen. Die Folgen sind einerseits Enttäuschung – »es gibt keinen Ausweg«, »es ist sinnlos« –, andererseits Erwartungsverlust in Praxis und Leben: Es scheint, als bliebe nur noch ein »rette sich, wer kann« oder ein sich durchs Leben schleppen.

Es ist dringend nötig, für das Land Hoffnung und Träume zurückzugewinnen. Das erreicht man aber nicht mit Berechnungen und Vernunft allein. Man braucht Männer und Frauen, die wirklich die Armen lieben, sich an ihre Seite stellen und sie verteidigen, denn das ist es, was bis zum heutigen Tag Hoffnung erweckt, wie Jesus sie erweckt hat. »Nicht jedes Leben

gibt Anlass zu Hoffnung, wohl aber das Leben Jesu, der aus Liebe das Kreuz auf sich genommen hat.«
Ellacu, Ihr wart Menschen der Hoffnung und habt vielen Menschen Hoffnung gegeben. Deinen letzten Artikel »Utopía y profetismo«, Dein theologisches Testament, beendest Du mit diesen neuen Menschen, die »weiterhin fest, wenn auch dunkel, von einer immer größeren Zukunft künden, denn jenseits aller geschichtlichen Zukunft ist der rettende, der befreiende Gott zu erspähen«. Worte wie diese, Menschen, die sie aussprechen, und vor allem Menschen, die sie leben, sind das, was Hoffnung und Träume aufrechterhalten.
Schließlich *Gott*. Du sagst: »Der befreiende Gott ist zu erspähen.« Ein schlichtes und notwendiges, obwohl immer schwieriges Gottesbekenntnis. Schlicht, weil der befreiende Gott derjenige der Schrift ist, der Gott der Armen. Schwierig, weil Gott immer ein unsagbares und unverfügbares Geheimnis bleibt, unverständlich vor allem angesichts der Missstände und der Barbarei in seiner Schöpfung. Unterstrichen werden muss, dass heute das Bekenntnis nicht zu einem beliebigen, sondern zu einem befreienden Gott äußerst notwendig ist. Wir erleben zurzeit in den kapitalistischen Gesellschaften und auch in unseren Kirchen das Wiederaufleben verschiedener Formen von *Zivilreligion* mit der starken Tendenz, Gott zu trivialisieren, Religiosität zu infantilisieren und Spiritualität zu einem therapeutischen, vom Körper losgelösten und harmlosen Spiritualismus zu verdünnen. Es genügt, die unzähligen – evangelischen und katholischen – Radiosender zu hören ...
Bei so viel Radio- und Fernsehreligiosität, derartigen Mengen an Erscheinungen und Heilungen, Fußball-

stadien voll frommer Gesänge, bei so viel Prozessionen und Jubel: Was, Ellacu, bleibt da von der Kirche des befreienden Gottes? Was bleibt vom Gott Hoseas und Jeremias: »Dem Schwachen und Armen verhalf er zum Recht. Heißt nicht das, mich wirklich erkennen?« (Jer 22,15 f., vgl. Hos 6,6)? Was bleibt vom Gott Jesu, kraftvoll und mächtig in der Auferstehung, aber auch solidarisch und still am Kreuz; transzendent und anders als diese Welt, aber auch Gericht dieser Welt? Ellacu, es scheint mir dringend nötig, Gott wieder ernst zu nehmen.

Nur aus dieser Ernsthaftigkeit heraus können wir das wünschen, was im Alten Testament begehrt wird: »Der Herr wende dir sein Angesicht zu und schenke dir Heil« (Num 6,26), dass Gott das Menschenherz mit Glück und Freude erfülle. Die Betrachtung des Antlitzes Gottes wird auch weiterhin wichtig und humanisierend für die Menschen sein, aber alles hängt davon ab, ob wir es mit Ernsthaftigkeit betrachten oder nicht. Ignatius – großes Vorbild für Dich und die anderen Märtyrer der UCA – beharrt darauf, dass die Betrachtung Gottes im Handeln erfolgt: »Kontemplation in der Aktion«. Deine unbestechliche Ehrlichkeit gegenüber dem Wirklichen und Deine bedingungslose Verteidigung der Unterdrückten haben Dich dazu bewegt, diese ignatianische Intuition in einen konkreten Zusammenhang mit der Geschichte zu stellen. Die Kontemplation soll nicht in beliebiger Aktion erfolgen, sondern in der »Aktion für Gerechtigkeit«.

Ellacu, die Zeiten sind nicht günstig für Engagement, Erwartung und Ernsthaftigkeit gegenüber Gott. Und doch ist es das, was wir in der Kirche, im Lande, in der UCA und in der Gesellschaft Jesu brauchen, um die Armen zu verteidigen, uns an den interreligiösen

Dialog zu wagen, den gemeinsamen Tisch zu decken, zur Menschenfamilie zu werden und so diese Welt zu humanisieren. Das ist, über die Neuerungen einer jeglichen Epoche hinaus, immer der Wille Gottes. Indem wir das tun, folgen wir Jesus. Um die Worte Deines Lehrers Zubiri zu benutzen: »Vergöttlichen« wir uns auf diese Weise ein bisschen, werden wir Söhne und Töchter im Sohne, ähneln wir Jesus. Dann leben wir im Glauben, denn darauf zielt ja die Ernsthaftigkeit Gott gegenüber, und in der Nächstenliebe, denn darauf zielt das Engagement.

Um das zu tun, genügen Argumente und Exegesen nicht. Ihr aber seid ein Grund zu leben, sich zu engagieren, die Erwartung aufrechtzuhalten und im Angesicht Gottes zu leben.

Ellacu und alle Märtyrer, wir danken Euch und bitten um Eure Hilfe.

Jon 11. November 2000

11. Der 11. September

Lieber Ellacu,

wieder ein Jahr voller Glück und Unglück. Im Augenblick ist es ganz schlimm. Zuerst die Barbarei der Zwillingstürme. Und jetzt wird ein sehr armes Land, Afghanistan, nach zwanzig Jahren Krieg, Leiden und Armut gnadenlos bombardiert, im wahrsten Sinne des Wortes »gnadenlos«. Es steht am Rande einer menschlichen Katastrophe. Sechs bis acht Millionen Afghanen haben zu wenig zu essen, was zum Tod Tausender von Menschen führen kann. Das sind Zahlen des Hohen Flüchtlingskommissars der Vereinten Nationen (UNHCR). Ein Ende der Tragödie ist nicht abzusehen. Die Barbarei hat ein aus der Mode gekommenes Wort aus der Versenkung hervorgeholt: *das Imperium*. Um zu beschreiben, was derzeit in der Welt vor sich geht, reichen die Begriffe Kapitalismus und Neoliberalismus nicht mehr aus. Man muss schon von *Imperium* sprechen, also der direkten Unterwerfung armer Länder, in diesem Fall Afghanistans, durch die USA, zur Kontrolle wirtschaftlich und geopolitisch interessanter Regionen. Andere Länder, seine Alliierten, unterwirft es mittelbar und zieht sie mit in die Barbarei. Von uns allen wird unter Androhung des Banns verlangt, dass wir es stolz und in der Überzeugung, das Rechte zu tun, unterstützen. Schließlich hat uns das Schicksal, also Leben und Sterben dieser Völker, die unserer westlichen Überlieferung fern und nicht ganz so human sind wie wir, fast nie interessiert. Anmaßend wird von uns gefordert, zur »Globalisierung« der Barbarei, der Bomben, des Hungers und der Kälte beizutragen. Die andere Globalisierung, die von Gerechtigkeit, Mitgefühl und Wahrheit, muss warten. Das Imperium an sich ist aber ein noch tiefergreifendes Übel. Es will sich das aneignen, was allen gehört, zum Beispiel die Zeit. Es gibt den 11. September, er wird zum Markstein in der Geschichte erhoben. Den 7. Oktober aber, an dem die Bombardierung Afghanistans begann, den gibt es nicht. Ebensowenig gibt es einen anderen 11. September, den von 1973, an dem Pinochet mit Unterstützung der USA Salvador Allende gestürzt und den Regierungssitz in Santiago bombardiert hat. Die Zeit wird ersetzt durch den Kalender des Imperiums. So geht es mit vielen anderen Dingen: den Fragen nach dem Raum, nach dem Glück, nach dem, was wir Menschen sind. Die Grundlage der imperialen Unterwerfung ist metaphysisch: »Das Wirkliche sind wir.«

Die Sache mit den Zwillingstürmen von New York haben wir eindeutig verurteilt, aber angesichts dessen, was in Afghanistan passiert, ist das Erste, woran ich mich beim Schreiben erinnere, Deine Kühnheit in der Analyse der Supermacht und im Sagen der Wahrheit. 1989, im reifen Alter und fern von jugendlichem Übermut, sagtest Du etwas, was ich noch von niemandem gehört hatte. Ich habe es in diesen Briefen bereits erwähnt, aber jetzt ist es aktueller denn je: »Aus meiner Sicht, und das mag prophetisch und paradox zugleich sein, geht es den USA viel schlechter als Lateinamerika. Denn die USA haben eine Lösung, die aber ist meiner Meinung nach eine schlechte, für sie und für die ganze Welt.«

Als utopischen Gegenpart ließt Du diese ebenso kühnen Worte folgen: »In Lateinamerika hingegen gibt es

keine Lösungen, nur Probleme; so schmerzhaft es jedoch sein mag, es ist besser, Probleme zu haben als eine schlechte Lösung für die Zukunft der Geschichte.«
Gibt es jemanden, wenigstens unter denen, die Dich als herausragenden Denker und geschickten Unterhändler ehren, der heute auf Dich hört?
Kehren wir zurück zu Afghanistan. Und da wir uns gerade in einer Kapelle befinden, sagen wir doch, dass weder die Kirche im Ganzen noch ihre Würdenträger sich hervorgetan haben. Es gab Ausnahmen, Gott sei Dank: Die Verurteilung durch die brasilianischen und einige mexikanische Bischöfe, Pax Christi international, die Jesuiten der Zeitschrift »America«, auch Johannes Paul II. ... Und es gab Tiefgehendes: Die Vergebung und Ablehnung von Rache durch die Familienmitglieder einiger Opfer. Greg war ein junger Mann, der in den Türmen starb. Seine Eltern baten Präsident Bush, keinen Krieg in Afghanistan zu führen; »nicht in unserem Namen,« fügten sie hinzu.
In solchen Gesten seid Ihr lebendig und belebend, Ihr, die Märtyrer, mit denen unsere Zivilisation nichts anfangen kann. Ihr haltet uns aufrecht und erlöst uns von innen heraus, indem Ihr die Sünde dieser Welt auf euch ladet.
Ich möchte etwas ergänzen, das mit der Politik des Imperiums zusammenhängt: Man spricht jetzt viel von einer »neuen Weltordnung«. Man sagt uns aber nicht, worin diese »Ordnung« besteht, ob es sich um die »gute Verfassung der Welt«, die »Harmonie des Menschlichen« handelt oder ob es einfach um die Aufteilung von territorialer, wirtschaftlicher, militärischer und ideologischer Macht unter die altbekannten Herren geht. Und erst recht erfahren wir nicht, ob die Welt sich durch das »Neue« endlich ändern wird oder

ob alles bleibt: Einige wenige sind reich und mächtig, die Mehrheiten arm und ohnmächtig.
Die aktuelle Krise bringt weder Ordnung in das Chaos noch stellt sie das »Egoismusprinzip« in Frage, das bisher jede Neuordnung geleitet hat. Die vier Milliarden oder mehr Armen spielen weiterhin keine Rolle beim Ordnen der Welt. An einer menschlichen und zivilisierten Welt besteht kein Interesse.
Daran erinnern uns auch die Naturkatastrophen. Zu Beginn des Jahres gab es hier in El Salvador ein Erdbeben. Fachleute meinen, in der Schweiz hätte ein Erdbeben gleicher Stärke ungefähr fünf Todesopfer gefordert. Hier jedoch starben nach Angaben der UNDP etwa 1.800 Menschen, 8.000 wurden verletzt, 1,5 Millionen geschädigt; 164.000 Wohnungen wurden zerstört oder unbewohnbar. Zu Recht fragt sich Gustavo Gutiérrez: »Wo werden im 21. Jahrhundert die Armen schlafen?«
Ellacu, Deine Utopie einer Zivilisation der Armut findet keine Unterstützung. Sie findet sie nicht in den westlichen Demokratien, die sich an der Quadratur des Kreises versuchen: gut und immer besser leben, ohne dass andere schlecht und immer schlechter leben – auch wenn man uns dauernd dieses oder jenes Beispiel anführt zum Beweis ihrer These und zur Erhaltung ihres Wohlstands. Ignatius sprach von den *cosa acquisita*, den erworbenen Dingen, an denen man ungeordnet hängt (EB 150). Ich fürchte auch, dass Deine Utopie nicht einmal bei Christen und Anhängern des armen Jesus Unterstützung findet. Man wird sie wie eine verlorene Kostbarkeit suchen müssen in kleinen Gemeinden, in der ursprünglichen Heiligkeit von Armen und Opfern, bei Männern und bei Frauen, die solidarisch bis zum Ende sind, vielleicht auch bei dem

einen oder anderen sich der *political correctness* widersetzenden Denker oder Politiker.
Trotzdem ist Dein Gedanke fundamental für das Funktionieren dieser Welt. Du bietest ein Prinzip an, von dem aus das Ganze, das Universale wachsen kann, und zwar auf menschliche Weise. Bei diesem Prinzip geht es weder um Macht noch um Reichtum, sondern um die Armen. Mit ihnen und von ihnen ausgehend kann ein menschlicher Universalismus geschaffen werden. Ohne die Armen reden die universalen Bewegungen, von der Globalisierung bis zur religiösen Ökumene, in Gemeinplätzen: für das Gemeinwohl arbeiten, den allgemeinen Frieden fördern, uns zu einem gemeinsamen Gott oder zu einem menschlichen Ideal bekennen; ich weiß nicht, ob wir damit weit kommen. Das ist alles schön und gut, aber nicht ausreichend. Solange nicht die Armen in den Mittelpunkt gestellt werden, fehlt der Angelpunkt, um den sich die Menschheit menschlich bewegen kann. Und die Menschheit wird im Wesentlichen eine *Tierart* bleiben, in der die Starken die Schwachen fressen. Mit den Armen als Angelpunkt bewegt sie sich anders: als *Familie*.
Das, Ellacu, sehe ich als wesentlich an Deinem Vorschlag. Ich freue mich, dass Du Gott in Deine Utopie mit einbeziehst. Man hört dieser Tage einiges über ihn, man spricht sich gegen den Gott der Religionsfanatiker aus, gegen den »Faktor Gott«, den Saramago aus guten Gründen verurteilt. Aber auch Präsident Bush redet von Gott; von »Göttern« sprechen die Großmächte immer, bis heute in den säkularisierten Demokratien – unter anderem Namen, was ich betonen möchte. Letztlich sprechen wir alle von Gott: manchmal im sakralen Gewand – »die Götter der Re-

ligionen« –, manchmal im zivilen: Gold, Erdöl, Uran, Coltan, Wohlstand, strategische Gebiete; El Salvador wurde »Hinterhof« des Imperiums genannt.
Ellacu, auch Du hast von Gott gesprochen, aber nicht so. Deine letzte theologische Schrift, in der Du von einem neuen Himmel träumst, eine neue Kirche – die der Armen – und die Praxis neuer Menschen forderst, schließt Du mit einer Hoffnung: »Wenn auch immer dunkel, (erahnt man) eine immer größere Zukunft, denn jenseits aller geschichtlichen Zukunft ist der rettende Gott zu erspähen, der befreiende Gott.«
Ellacu, wir danken Dir dafür, dass Du uns solche Dinge gesagt hast.

Jon 10. November 2001

12. Ihr lebt im Verborgenen

Lieber Ellacu,

seit langem schon feiern wir Euren Jahrestag; und da ist es normal zu fragen, was Ihr uns wirklich hinterlassen habt. In den ersten Jahren hieß es zu Recht, Euer tragischer Tod habe das Friedensabkommen beschleunigt. Obwohl das wahr ist, schien es mir nie eine besonders tiefgehende Antwort zu sein. Wichtiger ist, dass Ihr ein Beispiel gegeben habt und Kraft zum Weitermachen. Letztlich erinnert Ihr uns an Jesus, und das ist Euer bleibender Wert.
Weiter frage ich mich, was Ihr uns Wesentliches hinterlassen habt und was andernorts schwer zu finden ist. Es fällt mir schwer, mit Klarheit auf das Was, das *quid* zu antworten. Ich komme immer mehr zu dem Schluss, dass Eure Hinterlassenschaft nicht in äußeren Vorgängen, auch nicht in Feiern, erkennbar ist, sondern in dem, was im Verborgenen geschieht. Es ist das Wo, das *ubi*, in dem Ihr gegenwärtig und aktiv seid.
Kürzlich erregte die Aussage eines Experten für Welternährungsfragen meine Aufmerksamkeit: »Das Problem, den Hunger in der Welt abzuschaffen, ist weder wissenschaftlicher noch wirtschaftlicher noch technischer Natur. Es ist ein ethisches Problem.« Nach meinem Verständnis wollte er damit sagen, dass unsere Welt äußere Wege zur Lösung anbietet, aber keine inneren; sie dringt nicht in die Tiefe des Menschlichen, Persönlichen, Institutionellen ein, um Lösungen zu finden.
Einfach gesagt: Das Problem unserer Welt besteht we-

niger im Wissen, was zu tun ist – darin machen wir Fortschritte –, sondern im Wollen des Tuns – darin kommen wir kaum voran. Wollen wir wirklich den Hunger ausmerzen, die Aids-Tragödie lindern, die Kriege im Kongo und Irak stoppen – oder nicht? Und hier in El Salvador: Wollen wir das Ernährungs-, Gesundheits- und Bildungsproblem der Armen lösen – oder nicht?

Zweifellos, das hast Du oft genug betont, muss dieser Wille durch Wissen, Politik und Verhandlung realisierbar gemacht werden. Eindeutig ist aber, dass das nicht reicht. Noch nie haben wir so viel gewusst, gab es solche Mengen an Information von der UNDP. Wir wissen, dass täglich 24.000 Menschen an Unterernährung sterben und 800 Millionen daran leiden, von denen 300 Millionen Kinder sind (Kofi Annan). Ich bin mir aber nicht sicher, ob es, relativ zu den Möglichkeiten, jemals so viel Ignoranz und Unmenschlichkeit gab. Der Menschlichkeit fehlt etwas Wesentliches, wenn man sie nur der Politik und der Technologie überlässt. Etwas davon ist herauszuhören, wenn beim Diskutieren über Lösungen gesagt wird, man brauche den »politischen Willen« dafür. Ich ziehe es zwar vor, einfach von »Willen« oder vom »menschlichen Wollen« zu sprechen, aber intuitiv wird da Richtiges erfasst, auch wenn ich nicht weiß, ob es ehrlich gemeint ist. Da dieser »politische Wille« aber menschlich ist, wird er im Verborgenen geformt. Und die große Frage ist, was ihn auslöst.

»Das Verborgene« funktioniert nicht automatisch. Ich erinnere mich, dass wir beide mehrmals über die Stelle aus dem Römerbrief gesprochen haben: »Der Zorn Gottes wird vom Himmel herab offenbart wider alle Gottlosigkeit und Ungerechtigkeit der Menschen, die

die Wahrheit durch Ungerechtigkeit niederhalten« (Röm 1,18). Paulus folgert, dass sich dem Lügner und Ungerechten »das Herz verfinstert« (Röm 1,21–22); das Tiefste im Menschen wird verdorben. »Das Verborgene« ist dann nicht mehr Ort der Offenbarung, der Mensch kann, wie Paulus folgert, Gott nicht mehr erkennen und verfällt jeder Art von Übeln.

Was sich vom Menschen sagen lässt, kann man, denke ich, auch von den Strukturen dieser Welt behaupten: Wenn ihr Herz – das Kulturelle, das Ideologische und das Religiöse – verfinstert ist, wird es kaum die wirtschaftlichen, politischen und militärischen Strukturen humanisieren und mit Leben erfüllen. Aus dem, was im »Herzen«, im »Verborgenen« geschieht, ergeben sich Folgen für das sichtbare Fleisch der Geschichte.

Jetzt, Ellacu, die Frage: Wie ist die Oberflächlichkeit dieser Welt umzukehren, die Annahme, alles Wichtige fände im Sichtbaren statt, in dem, was das Fernsehen zeigt? Da kommt Ihr ins Spiel.

Es ist nicht leicht, in unserer Welt Menschen zu finden, die zum tiefsten Grund des Menschen vorstoßen. Die Politiker kommen dort nicht hin, auch nicht die Großen der Wirtschaft und der Rüstungsindustrie, die Mächtigen der Medien; oft nicht einmal die Profis der Religion. Was verwundert, ist ihr Erstaunen darüber, dass die Menschen ihnen nicht vertrauen, auch wenn sie sich mit ihnen arrangieren, um zu überleben. Wem es jedoch gelang: Erzbischof Romero und ebenso Euch. Ihr erreicht die Tiefe des Herzens und spendet von dort aus Licht, um die Dinge zu sehen, wie sie sind: eine Welt von »Ausgemergelten und menschlichen Abfällen«, wie Du sagtest, und auch eine Welt der Hoffnung. Und Ihr gebt Kraft, dass sich

unser Inneres erbarmt und das steinerne Herz zum Herzen aus Fleisch wird.
Es geht nicht darum, wissenschaftliche Kenntnisse oder soziale und politische Praxis zu ignorieren, sondern darum, dass beide so viel »Herz enthalten« sollen, dass sie einen Kapitalismus – Neoliberalismus, Imperialismus – umkehren, der »ohne Herz geboren ist«, wie Adolfo Pérez Esquivel sagt.
Gestatte mir als Gegenprobe zu dem Gesagten einen Gedanken über Dein geistiges Erbe. Du hast Schule gemacht. Man studiert Deine Philosophie der geschichtlichen Wirklichkeit und Deine Befreiungstheologie. Aber anderes, das für Dich wesentlich war, wird nicht studiert. Ich habe in diesen Briefen daran erinnert: »das gekreuzigte Volk«, die Praxis, es »vom Kreuz herabzuholen«, die Notwendigkeit der »Umkehrung der Geschichte«. Das scheint nicht zu interessieren.
Ellacu, ich bin immer mehr überzeugt, dass Euer Erbe »im Verborgenen« lebt. Dort werdet Ihr akzeptiert oder abgelehnt. Meiner Ansicht nach führt Ihr von dort aus den Verstand zur Wahrheit, bewegt das Herz zum Mitgefühl und den Willen zum Engagement. Das tun nach wie vor sehr wenige. Am besten erreicht Ihr die einfachen Leute, die Armen. Ich kann nicht beurteilen, was sie denken und fühlen, wenn sie eine Vigilfeier der UCA besuchen oder in der Krypta Erzbischof Romeros beten. Etwas aber ist von ihren Gesichtern abzulesen: die Dankbarkeit und Liebe, die sie für Euch empfinden. Noch mächtiger wird Euer Erbe, wenn weitab vom Rosengarten und von der Krypta die armen und leiderprobten Leute in ihren Gemeinden, in El Mozote, Las Aradas, La Quesera, ihre eigenen Märtyrer lebendig erhalten. Ihr habt ih-

nen geholfen, die Angst abzulegen, wieder Mut zu gewinnen und die Liebe zu den Ihren öffentlich zu zeigen. Durch Euch wird ihre Hoffnung erhalten.
Das ist es, was ich Dir sagen wollte an diesem Jahrestag in diesem Land des Leidens und der Hoffnung. Und dafür danke ich Dir, Ellacu.

Jon 15. November 2002

13. Feingefühl und Heiligkeit

Lieber Ellacu,

1980 gabst Du einen Kurs in Ekklesiologie. Mit Deiner charakteristischen Strenge sprachst Du über die Kirche der Armen, ihre Identität und Aufgabe, und hobst auch hervor, wie sehr diese Kirche verfolgt wurde, von außen wie von innen. Und tatsächlich mussten wir wenige Monate darauf nach der Ermordung eines der Schüler, der Priester war, sowie der Bedrohung anderer den Kurs abbrechen. Du selbst musstest das Land verlassen, weil Du ganz oben standest auf einer Liste von Leuten, die umgebracht werden sollten. Im Gespräch über die Kirche der Armen und ihre Probleme sagtest Du damals einen Deiner typischen, lapidaren Sätze: »Die letzte Waffe der Kirche der Armen ist die Heiligkeit.«

Du hast es ohne jede Pose gesagt. Selbstverständlich meintest Du mit »Heiligkeit« nicht Pietismus oder Rückzug aus der Welt. Auch wolltest Du weder dazu anregen, eine individualistische Heiligkeit zu pflegen, die, wie Jean Anouilh schrieb, »eine Versuchung ist«, noch hast Du eine andere Definition gegeben. Ich glaube, mit »Heiligkeit« meintest Du einfach, die Kirche der Armen solle eine Kirche im Einklang mit dem Evangelium sein. Und das ist keineswegs selbstverständlich.

Die Magna Charta der Kirche der Armen, sagtest Du, sind die Seligpreisungen Jesu, ihre Heiligen sind die »Armen mit Geist«. »Die Armen« sind jene, die in der Wirklichkeit ganz unten sind, die mit ihren Kindern tausend Entbehrungen leiden. »Die Kirche« bezeichnet die, deren Aufgabe es ist, Leben zu erzeugen und für Gerechtigkeit und Frieden zu sorgen. Was kann »Heiligkeit« dem hinzufügen? Dass dies alles mit Schlichtheit, ohne großen Wirbel getan wird, aus Erbarmen und ohne Interesse am eigenen Vorteil, mitfühlenden Blicks, ohne Nebenabsichten und ohne die Arroganz der Rechthaberei. In jenen Tagen war »Heiligkeit« das, was die ausstrahlten, die verfolgt wurden wegen ihrer Treue zum Wort Jesu im Evangelium und zu den Worten Erzbischof Romeros in der Kathedrale. »Heilige« waren und sind jene, die weinen und sich empören angesichts der Grausamkeit der Unterdrücker, die aber das Wunder vollbringen, keine Rachegefühle zu hegen und ihr Herz rein zu halten.

Wenn die Verdorbenheit unserer Welt keine Macht ausübt über diese einfachen Menschen, die Jesus nachfolgen, als wäre dies das Natürlichste der Welt, dann gewinnt das Wort »Heiligkeit« einen neuen Klang, der den der Heiligenbücher und der routinemäßigen Anrufungen weit übertönt. Es klingt dann nicht so selbstgefällig, wie das – paradoxerweise und oft ungewollt – in den Kanonisierungen der Fall ist.

Ellacu, ich denke, die »Heiligkeit«, von der Du damals sprachst, geht über die Tugenden, so heroisch sie sein mögen, und über die »Vollkommenheit« hinaus. Sie ist etwas Tieferes. Sie ist wie ein Widerschein des himmlischen Vaters, der »vollkommen gut« ist, wie Matthäus sagt, »gut selbst zu den Undankbaren«, wie Lukas hinzufügt. Sie ist die Eigenschaft und Feinfühligkeit der Güte. Sie ist das, was Du in der Kirche der Armen sahst und wünschtest. Inmitten von Verfolgungen und Leiden, auch von Begrenztheit, Irrtü-

mern und Sünden, sahst Du dort den Widerschein Jesu und seines Gottes. Und *das* zusammen mit der Befreiungspraxis betrachtetest Du als letzte Waffe der Kirche.
Du sahst diesen Widerschein auch in anderen Personen. Der Fall Erzbischof Romeros ist klar. Als Mann der Prophetie und der Gerechtigkeit, des Gebets und des Glaubens strahlte er etwas ganz Besonderes aus. Um zu paraphrasieren, was Paulus im Philipperbrief über Jesus sagt, »hielt Romero nicht an seinem Rang als Erzbischof und Würdenträger fest, sondern er entäußerte sich, wurde wie ein Sklave und einer unter vielen« (vgl. Phil 2,6), unter den Bauern und Bäuerinnen der Kirche der Armen. Offenkundig bewundertest Du seine am Evangelium orientierte Praxis, seine prophetische Anklage und seine Utopie der Hoffnung. Du sahst in ihm aber auch die Eigenschaft der rückhaltlosen Güte, die nichts berechnet und so das faszinierende Mysterium Gottes gegenwärtig macht. Diese Güte scheint »zu nichts nütze«, aber mit ihr hat Romero eine Revolution ausgelöst, die andere überdauerte und deren Früchte wir heute genießen. Ellacu, ich glaube, etwas in dieser Art hast Du in Romero gesehen. Und sein Glauben hat Dich mitgerissen.
Ich will an ein zweites, nicht so bekanntes, aber ebenso herausragendes Beispiel erinnern: Pedro Arrupe. Mit ihm als Generaloberen der Jesuiten hattest Du Diskussionen und einige brüderliche Zwiste, die 1976 endeten. Du hast ihm nie geschmeichelt, was Deiner Persönlichkeit fremd gewesen wäre, aber Du hast über ihn einen höchst lobenden Artikel geschrieben: »Pedro Arrupe, renovador de la vida religiosa« (Pedro Arrupe, Erneuerer des Ordenslebens). Darin hast Du

ihn mit Johannes XXIII. verglichen, dem Erneuerer der weltumfassenden Kirche. Wichtig ist aber, worin Du das Fundament seiner Größe sahst:

»Arrupe war vor allem ein Mann Gottes und er wollte, dass das auch die Jesuiten wirklich seien. Aber wirklich. Dieses »Wirklich« bedeutete, dass es Gott war, den er suchte, nicht etwas, das sich als Gott ausgab, mitunter auch im Umfeld der Orden und der Kirche. Gott war für ihn durch nichts zu ersetzen; ein Gott, größer als die Verfassungen und als die geschichtliche Struktur der Gesellschaft Jesu; ein Gott, größer als die Kirche und ihre Ämter; ein *Deus semper maior et semper novus – Gott, der immer größer und immer neu ist.* In der täglichen Erfahrung dieses Gottes, dem er sich in vielen Stunden der Suche hingab, erwachte seine große Freiheit des Geistes, seine große Liebe zu allen, seine andauernde Bereitschaft und Demut und seine religiöse Klarsicht.«

Erzbischof Romero und Pedro Arrupe waren also »Heilige«. Aber vielleicht fragst Du Dich, Ellacu, weshalb man heute überhaupt von »Heiligkeit« reden sollte. Ich persönlich sehe dafür zwei Gründe:
Zum Ersten stehen wir vor einer massiven Welle von Heilig- und Seligsprechungen. Das Gesagte mag ein wenig helfen, in die Tiefe all dessen vorzudringen. »Kanonisieren« heißt bekanntlich »normieren«, was seit jeher wichtig ist, um überzogene Begeisterung zu vermeiden und nicht Menschen heiligzusprechen, die es vielleicht doch nicht sind. Es ist daher gut, dass es Kanonisierungsprozesse gibt und die Heiligkeit einer Person auf diesem Wege festgestellt wird.
Das ist aber nicht alles. Die große Zahl der Heilig- und Seligsprechungen, die Kriterien, nach denen sie

auf Kontinente, Kongregationen, Priester und Laien verteilt werden – wobei einige immer mehr gewinnen als andere; die Diskussionen darüber, ob sie Märtyrer sind oder nicht, wobei das Martyrium zuweilen recht einseitig verstanden wird, je nachdem, ob sie durch »Kirchenfeinde« ums Leben kamen oder nicht; die Frage der Wunder, ob also natürliche Ursachen oder göttliche Kräfte im Spiel waren; die Mittel, die zum Erreichen einer Kanonisierung nötig sind; die Politik, die sich um einige Fälle rankt; fügen wir hinzu: die Kosten der Prozesse, die menschlichen Kleinlichkeiten, der Eindruck, dass einige Kandidaten bevorzugt werden, während über andere Schweigen herrscht ... all dies kann uns blind machen für das, was Heiligkeit wirklich ist.

Mich erstaunt der Wert, der auf Wunder gelegt wird; anscheinend beweisen nur Wunder als Ausdruck von »Macht« eindeutig die Gegenwart Gottes. Ich male mir das Lächeln des liebenden Gottes aus, der den Menschen zuflüstert: »Ich bin nicht in der Macht, sondern in der Liebe.« Und ich bilde mir ein, seinen weisen Rat zu hören: »Sucht, wo es Liebe gab, Erbarmen, Wahrheit und Gerechtigkeit. Vielleicht müsst Ihr etwas ändern an der institutionellen Auffassung der Kanonisierung, aber Ihr werdet mehr Heiligkeit finden, als Ihr denkt.«

Auch finde ich gut, nach den heldenhaften Tugenden zu fragen, die unsere Welt so sehr bereichern; darüber sollte aber nicht das heldenhafte Leben der großen Zahl von Armen vergessen oder zurückgestellt werden, die inmitten von viel Leiden und vermischt mit vielem anderen – einschließlich manchen Versagens – den ursprünglichen Willen Gottes erhalten: »Leben und vergehen für das Leben der Seinen.«

In Lateinamerika ist für uns unverständlich, dass kein einziger der tausende Märtyrer – so nennen wir sie – heilig- oder seliggesprochen wurde, die in Verteidigung der Gerechtigkeit gefallen sind und so zu Zeugen des Glaubens an den wahren Gott wurden. Mir persönlich ist nicht wichtig, ob Erzbischof Romero kanonisiert wird oder nicht, aber seine Heiligsprechung könnte vielen Opfern ihre Würde zurückgeben und wäre Balsam auf die Wunden vieler Mütter, Ehefrauen und Töchter. Durch ihn würden sich Abertausende vertreten sehen.

Eines sollte nicht vergessen werden: Romero und viele seiner Mitmärtyrer werden nicht nur bewundert und verehrt, sie werden geliebt. Das könnte der Heiligkeit einen möglichen Beigeschmack von Distanz und Härte nehmen und an deren Stelle Nähe, Zärtlichkeit und Liebe treten lassen.

Zweitens sollten wir heute von »Heiligkeit« sprechen, weil sie mich an Worte Pascals erinnert, die mir aktuell und wichtig erscheinen. Als herausragender Naturwissenschaftler – Mathematiker und Physiker – und ausgezeichneter Geisteswissenschaftler – Denker, Philosoph, in gewisser Weise Theologe – unterschied er zwischen *esprit de géometrie* und *esprit de finesse* (Pensées 1). Mit »Sinn für Geometrie« meinte er den Geist der Mathematik, Exaktheit und Präzision, also den Sinn für das Vernünftige. Schwieriger zu übersetzen ist *esprit de finesse*. Am besten kann man ihn wohl als »Feingefühl« beschreiben, als »das, womit feiner, genauer, differenzierter, empfindsamer, feinsinniger erkannt werden kann.« Pascal betonte, dass beides wichtig sei, aber neu daran war für seine kartesianisch-rationalistische Epoche der *esprit de finesse*.

Auf heute übertragen, möchte ich behaupten, dass es

guten und notwendigen *esprit de géometrie* gibt, mit dem Güter für die Gesellschaft hergestellt werden: Kenntnisse, Organisationen, Pragmatik im besten Sinne des Wortes. Es gibt aber auch – im Übermaß – schlechten und sündhaften *esprit de géometrie:* viele Formen von Ökonomie und Politik, die mit Unterdrückung, Lüge, Korruption und nötigenfalls gewaltsamer Repression verbunden sind; viel Pragmatismus ohne Normen und Werte, ohne jede Absolutheit, dafür voller Trivialität; und all das geometrisch exakt berechnet. Eine gute Zusammenfassung davon sind die Worte Adolfo Pérez Esquivels: »Der Kapitalismus wurde ohne Herz geboren.«

Wenn man so viel Grausamkeit und Ausbeutung armer Völker betrachtet, schamlose Lügen, egoistische und unmenschliche Koalitionen, einschläfernde und willfährig machende Trivialisierung und Infantilisierung, und wenn versucht wird, das alles im Namen guter und edler Dinge wie Freiheit, Demokratie, Globalisierung zu rechtfertigen, dann wird offensichtlich, dass die »schlechte Geometrie« abzulehnen ist, aber auch, dass die »gute« nicht ausreicht. Man muss darüber hinausgehen, zum *Feingefühl:* zum reinen Blick und Herzen, ob man damit gewinnt oder nicht, zum Hunger und Durst nach Frieden und Gerechtigkeit und nach jedem Wort aus Gottes Mund, zum Erbarmen mit fremdem Leid, welches das Innere berührt und aus dem göttlichen Anderen – und nicht aus Demokratie, Fortschritt, Globalisierung, auch nicht aus religiösen oder zivilen Institutionen – das letzte Ziel, die Seligkeit, das Heil für uns macht.

Dieses Feingefühl strahlen viele gute Menschen aus, unbekannte – die Dienstfertigkeit vieler einfacher Leute, die nicht mit Servilität zu verwechseln ist –

und auch bekannte wie Erzbischof Romero und Pedro Arrupe. Um Gutes zu tun, greift dieses Feingefühl nicht auf Normen, kanonisches Recht, internationale Konventionen oder Verfassungen als letzte Instanz zurück, sondern es sieht sich gefordert von der »Autorität der Leidenden« – wie Johann Baptist Metz sagt – und gehorcht dieser. Dieses Feingefühl strömte Erzbischof Romero aus, als er behauptete: »Mit diesem Volk ist es nicht schwer, ein guter Hirte zu sein«, oder als er sagte: »Das Volk ist mein Prophet«. Damit wollte er nicht Stimmen gewinnen, sondern er sprach aus tiefster Überzeugung.

Wenn Du mir gestattest, werde ich Dich an zwei Deiner Momente des Feingefühls erinnern. Du mochtest nicht gern »gütig« erscheinen, sondern Du wolltest als »gerecht« und intelligent anerkannt werden. Ich erinnere mich aber, wie Du in aller Schlichtheit, ohne jede Pose, sagtest: »Ich hasse niemanden.« Du sprachst dieses große Wort mit völliger Natürlichkeit und Wahrhaftigkeit aus, im Kontext eines Treffens mit Roberto D'Aubisson. Und ebenso damals, als Du an die Worte von Augustinus erinnertest: »Um Mensch zu sein, muss man mehr sein als Mensch.«

Lieber Ellacu, wir brauchen viel Heiligkeit und Feingefühl. Das Entwicklungsprogramm der Vereinten Nationen (UNDP) tut viel Gutes, es misst Armut und Fortschritt, aber es kann nicht messen, wie es mit unserem *esprit de finesse* bestellt ist, ob er zunimmt oder abnimmt. Trotzdem leben wir immer noch von der in der Geschichte angesammelten Güte – der Amandos und Lolos, Juan Ramóns und Nachos, Elbas und Celinas, Segundo Montes' und Deiner und der vieler anderer. Ihr habt etwas Feingefühl und Heiligkeit in unsere Welt und in unsere Kirche gebracht, viel sogar.

Darauf bauen wir unsere Hoffnung. Wir arbeiten weiter am Reich Gottes. Wir danken Euch dafür und denken an Euch.

Jon 8. November 2003

14. Zurück zu Jesus von Nazareth

Lieber Ellacu,

fünfzehn Jahre nach Deinem Martyrium schreibe ich Dir über ein Thema, das mir wichtig und notwendig erscheint: »Zurück zu Jesus von Nazareth«. Die Notwendigkeit für die Kirche ist ganz deutlich, und für uns Christen ist es nicht nur nötig, sondern selbstverständlich auch segensreich. Ich denke, es könnte sehr nützlich sein, wenn Jesus in unserer Welt erschiene, anonym oder in welcher Form auch immer; denn die Welt braucht dringend neue Lebensenergie. Ich werde versuchen, das im Folgenden zu erklären.

Du wirst Dich erinnern, wie wir von klein auf gelernt haben, dass die Heiligen immer auf Jesus und seine Nachfolge zurückgriffen, wenn sie die Kirche erneuern und deren Missstände beheben wollten. Der heilige Franz von Assisi wollte nichts anderes sein als *repetitor Christi – Wiederholer Christi*, und der heilige Ignatius von Loyola bat inständig um »inneres Erkennen des Herrn, der für mich Mensch geworden ist, damit ich ihn mehr liebe und ihm folge« (EB 104). Sie sind zu Jesus zurückgekehrt, und jeder von ihnen hat eine bis in unsere Tage wirkende Revolution ausgelöst.

Nun ist es aber so, dass nicht nur Heilige und Christen, sondern auch viele andere in Jesus tiefe Inspiration für ihr Leben und ihre manchmal revolutionären Aufgaben gefunden haben. Gandhi war fasziniert von den Seligpreisungen Jesu. Freilich fügte er hinzu, die Christen seien die Einzigen, die das Evangelium nicht

verstanden haben. Es mag wohl sein, dass angesichts der westlichen Kultur ein tief religiöser Asiate nicht ganz falsch liegt mit einer solchen Behauptung.
Als in den Jahren nach dem Konzil in Europa der Dialog zwischen Christen und Marxisten begann, wandte sich Roger Garaudy an die Christen mit den Worten: »Ihr Leute der Kirche, gebt uns Jesus zurück!« Der tschechische Marxist Milan Machovec schrieb ein Buch mit dem Titel »Jesus für Atheisten«, in dem er feststellt, Jesus sei immer im Protest gegen die etablierte Macht gewesen; er fügte hinzu, seine Geschichte gehöre allen, auch den Rebellen, den Häretikern und Atheisten sowie den Marxisten und Kommunisten. Die Jüdin Simone Weil, die nie der katholischen Kirche beitrat, berichtete, dass sie 1938 die Karwoche in der Benediktinerabtei Solesmes verbrachte und kurz darauf eine Erleuchtung hatte, die ihr Leben veränderte: »Christus selbst kam herab und ergriff mich.« Man soll das nicht als Frömmelei abtun; bekannt ist, dass Simone Weil sich mit Herz und Seele der Sache der Arbeiter annahm. Sie starb, weil sie sich bewusst weigerte, besser zu essen als diese. Sie erzählte auch, wie sie in einem portugiesischen Fischerdorf plötzlich die Gewissheit fand, das Christentum sei besonders die Religion der Sklaven. Nach meinem Dafürhalten hat das nichts mit Nietzsche zu tun, sondern mit der Liebe Jesu zu den Armen und Unterdrückten, zu den Arbeitern, die sie aus der Nähe kannte. Es war die Option für die Armen.
Unter den Theologen sprechen viele von Jesus Christus. Ich denke an zwei, die nicht nur seine Menschheit und seine Gottheit erklären, sondern auch »zu Jesus zurückgekehrt« sind, zum Kern seiner Wirklichkeit. Von Dietrich Bonhoeffer erinnere ich mich an

den Satz: »›Folge mir‹ ist das erste und das letzte Wort Jesu an Petrus.« Er selbst hat dieses Gebot in seinem Kampf gegen die Nationalsozialisten bis zum Märtyrertod befolgt. Johann Baptist Metz beharrt leidenschaftlich auf der *compassio*, der Empfindlichkeit für fremdes Leid, und auf der Autorität der Leidenden; er plädiert für eine Christologie der Synoptiker, also eine des Jesus von Nazareth.

In Asien betont Raimon Panikkar den kosmischen Christus. Bei einer Diskussion jedoch hörte ich ihn sagen, in der Stunde der Wahrheit habe der Christ keine Probleme mit dem Gegensatz zwischen Jesus und dem kosmischen Christus, sondern damit, dass er wie Jesus das Kreuz auf sich nehmen solle. Aus Sri Lanka berichtet Aloysius Pieris, in Asien habe niemand ein Problem mit Jesus von Nazareth; der »totale Christus« sei dort Jesus mit allen Armen dieser Welt. Ellacu, ich könnte so fortfahren, aber lass mich schließen mit den Worten González Faus': »Jesus von Nazareth, subversive Erinnerung, bezwingende Erinnerung.«

Jesus von Nazareth lebt also weiter. Ich möchte hinzufügen, dass das – wenn man von den Dogmen absieht – keineswegs selbstverständlich ist in einer Welt, in der sich alles mit atemberaubender Schnelligkeit verändert und in der neue Paradigmen die vorhergehenden fast spurlos verschwinden lassen. Auch in den Kirchen kann das geschehen: Ein Jesus, wie ihn Markus darstellt, wird verschüttet, an seiner Stelle erscheint ein süßlicher und verwässerter Christus. Das ist ein Problem nicht nur der Theologie, sondern des Lebens, des kirchlichen wie auch des geschichtlichen. Man vergleiche nur den im Dokument der Versammlung von Puebla als Befreier gepriesenen Jesus (Nr. 173) mit dem heute in der so genannten christlichen Musik besungenen, wo von der Ungerechtigkeit dieser Welt, von der Unterdrückung oder von der Befreiung der Völker herzlich wenig zu hören ist. Über Christus wird viel geredet und gesungen. Von Jesus von Nazareth, der die Armen des Volkes in Schutz nahm, Kaiphas und Pilatus gegenüberstand, am Kreuz starb als Opfer der Sünden der Mächtigen und dem Gott Gerechtigkeit verschaffte durch die Auferstehung – von ihm hört man wenig. Diesen Jesus aber brauchen wir dringend in unserer Welt.

Mehr als alles andere brauchen wir die richtigen Dreh- und Angelpunkte für die Wirklichkeit. Davon gibt es viele, aber häufig bewirken sie, dass das Böse die Welt bewegt: Macht und Vergnügen, Individualismus und Hochmut auf der persönlichen, Imperialismus und erdrückende Übermacht auf der institutionellen Ebene. Es gibt aber auch Gutes: Güte, Mitleid in all seinen Formen, Wahrheit und Wissen, die in den Dienst der Schwachen gestellt werden, Festigkeit zur Überwindung von Schwierigkeiten; letztlich also Liebe sowie die größte Liebe, das Leben für andere zu geben.

Die Nachfolge Jesu, die sich auf die Geschichte einlässt – in säkularisierten Gesellschaften sogar, ohne Jesus zu nennen –, ist ein solcher Angelpunkt, um den sich Personen, Kirchen und Gesellschaften in unserer Welt gut bewegen können.

Unweigerlich sind wir vor die Wahl gestellt zwischen einem Leben in der Wirklichkeit oder in der Unwirklichkeit. Jesus zufolge muss man in der wirklichsten Wirklichkeit leben; im theologischen Sinne ist das die *sarx*, das arme und schwache Fleisch, das zu Got-

tes Wort wurde; und geschichtlich gesehen sind es die armen Mehrheiten dieser Welt. Man muss nicht nur in dieser Wirklichkeit stehen, man muss sich in sie hinabbegeben.
Dazu im Gegensatz steht das Leben auf den Inseln des Überflusses der Ersten Welt – der großen Ausnahme auf der Erde –, also der Doketismus, das Leben im Schein, in der Unwirklichkeit: die älteste Häresie des Christentums. Dieses Leben ist auch, wie Paulus beklagt, hochmütig, denn die Erste Welt proklamiert oder – schlimmer noch – sie setzt einfach voraus: »Die Wirklichkeit sind wir.« So kann es keine Menschenfamilie geben, sondern nur eine Gattung, deren Glieder sich darwinistisch zueinander verhalten.
Etwas anderes ist es, Jesus zu folgen. Dies beginnt damit, »wirklich zu sein« in dieser Welt, und »sich hinabzubegeben« in die Wirklichkeit, die Welt der Hungernden und der Opfer. Von dieser wirklichen Welt hat die Erste Welt keine Ahnung, denn sie interessiert sich nur für die Länder mit natürlichen Ressourcen oder mit touristischem Potenzial. Die Nachfolge Jesu fängt mit der Erkenntnis an, dass die Menschen dieser Welt Brüder und Schwestern sind, keine »unglücklichen Artgenossen« oder – wenn man dem euphemistischen und eigentlich makabren Sprachgebrauch folgt – »Entwicklungsmenschen« in »Entwicklungsländern«.
Wir haben zu wählen zwischen *Erbarmen* und *Gleichgültigkeit*, zwischen *Gerechtigkeit* und *Unterdrückung*. Grundlegende Aufgabe jedes Menschen ist nach Jesus die Humanisierung der Wirklichkeit, ausgehend von Wahrheit und Erbarmen mit den Leiden der Opfer. Und diese erfüllt man im Gehorsam – ein schockierendes, im Westen ungern gehörtes Wort – gegen-

über der »Autorität der Leidenden«. Humanisieren bedeutet heilen, zu essen geben, Dämonen austreiben, Schwache aufnehmen und trösten, anklagen und die Wahrheit sagen, Gemeinschaft bilden, an einem Tisch feiern, einen neuen Himmel und eine neue Erde verkünden. Das Motto der Weltsozialforen meint dasselbe: »Eine andere Welt ist möglich« – aber auf durchdachte Weise. Selbstverständlich geht es auch darum, wirtschaftliche, politische, militärische und kulturelle Strukturen gründlich zu verändern. Und: Humanisieren bedeutet, wenigstens dafür offen zu sein, dass uns das Mysterium Gottes sein Antlitz zeigt.

Wir haben zu wählen, ob wir *das Kreuz der Opfer tragen* oder ob wir *uns von ihnen distanzieren*. Nach Jesus gilt: Wer sich von der Wirklichkeit distanziert, beginnt, das Menschliche und das Göttliche zu negieren. Angesichts der Veränderungen müssen wir entschieden voranschreiten, angesichts der Kreuze mit Festigkeit und mit der Bereitschaft, sie auf uns zu nehmen – und das in einer Welt, in der Pilatus, der zum Tod verurteilt, viel gegenwärtiger ist als Simon von Kyrene, der das Kreuz zu tragen oder zu vermeiden hilft. Jesus fordert die Bereitschaft, dieses Kreuz der Armen und Unterdrückten auf sich zu nehmen. Es ist Folge der Ungerechtigkeit und wird auch über den kommen, der dagegen kämpft.

Diesen Vorschlag wird man als absurd und als masochistisch zurückweisen, obwohl andere Kreuze ohne mit der Wimper zu zucken angenommen und sogar glorifiziert werden: die »notwendigen Opfer«, um sich des Erdöls, des Coltans, des Wassers und der strategischen Gebiete zu bemächtigen. Nach Möglichkeit sollen dafür die Todesopfer von den Armen, den Latinos und den Schwarzen gestellt werden und die ver-

wendeten raffinierten Waffen den Konzernen des Nordens Millionen einbringen.
Fragen wir uns ehrlich: Wie viele Menschen gibt es in der westlichen und demokratischen Welt, die bereit wären, das Kreuz der Afrikaner, der Asiaten, der Lateinamerikaner zu tragen? Sind sie bereit, wie Jesus an einem Kreuz zu enden, damit Erbarmen, Wahrheit und Gerechtigkeit in dieser Welt herrschen? Leonardo Boff schreibt: »Wenn zukünftige Generationen über unsere Zeit urteilen, werden sie uns wegen unserer enormen Gefühllosigkeit gegenüber den Leiden unserer Brüder und Schwestern als barbarisch, unmenschlich und erbarmungslos bezeichnen.«
Im Blick auf diese Wirklichkeit fragen wir nach dem Sinn der Bitte, dass Jesus »zurückkomme«. Wir wollen aber weder in säkularen Gesellschaften Proselyten machen noch anderen Religionen das Christentum subtil aufdrängen. Die Bitte ist Ausdruck des Schreis, dass in diese unsere Welt etwas kommen oder zurückkommen muss, einfach damit sie menschlich wird.
Es wäre ein großer Verlust und eine Dummheit, wenn man, nur weil es etwas Religiöses, Kirchliches oder einfach Privates ist, verhindern würde, dass »Jesus zurückkäme«. Tun die einwandfreien öffentlichen und säkularen Demokratien wirklich das Nötige und Mögliche, widmen sie sich mit Haut und Haaren der Aufgabe, die Welt barmherziger zu machen? Verbinden sie die Vernunft mit mehr Mitleid? Die Welt hat das dringend nötig.
Man braucht also keine Angst zu haben vor der Rückkehr Jesu in eine säkulare Welt, mit seiner Mystik, seinem Pathos und seiner Hellsichtigkeit. Ebensowenig sollte man sich scheuen, ihn in der Welt der

Religionen gegenwärtig zu machen, obwohl sicher noch viel Zeit vergehen wird, bis man uns den religiösen Imperialismus der Christen vergeben wird. Persönlich glaube ich nicht, dass interreligiöser Dialog möglich ist ohne einen Schwerpunkt, in dem die Religionen zusammenlaufen und zusammenwachsen. Natürlich müssen wir einen Dialog über einen solchen Schwerpunkt führen, und es scheint, dass hier wenig Fortschritte gemacht wurden. In Gerechtigkeit umgesetztes Mitgefühl, begleitet von Güte und durchdrungen von Kontemplation, könnte sehr gut ein solcher Schwerpunkt sein. Bei Jesus steht das im Zentrum. Zudem braucht man, wie González Faus sagt, nicht nur den Dia-*log*, sondern auch die Dia-*praxis*, und diese kann nur ein von einer Mystik der offenen Augen geleitetes Erbarmen sein. Zu dieser Dia-praxis lädt Jesus ein mit seinem Aufruf zur Nachfolge.

Ellacu, das hier klingt mehr nach einer kleinen Vorlesung als nach einem Brief. Ich schließe mit drei Anmerkungen: Zum Ersten vermisse ich immer mehr jene Meister des Verdachts , an denen wir so viel litten, die uns aber auch so vieles erhellten: Freud, Marx, Sartre ... Es schien, als würden sie uns den Glauben nehmen, so, als würde uns die Haut abgezogen. Aber das war gut, denn letztlich haben wir dadurch gewonnen. Gott zeigt uns ein wahrhaftigeres und liebenswürdigeres Gesicht, gerechter und mehr Hoffnung weckend. Heute hingegen sehe ich kaum Menschen, die zu einem solchen Verdacht den Mut hätten. Dieser müsste sich heute nicht mehr so sehr gegen die großen Götzen richten, sondern subtiler gegen die Demokratie und gegen den Wohlstand. Ich sehe nicht viele Meister, die von diesen Dingen reden, und es scheint, als wären Demokratie und Wohlstand über jeden Verdacht erhaben. Alles, was Demokratie und Fortschritt heißt, gilt als gut, selbst wenn man nicht genau weiß, wovon man im Einzelnen redet. Es scheint, als würden sie die Augen nicht richtig öffnen. Nun denn, ich glaube, Jesus von Nazareth könnte solch ein Meister sein, der unseren Verdacht weckt gegenüber dem Wohlstand, dem Glücksversprechen und der Erfolgsutopie, so wie sie uns vorgegeben sind.

Das Zweite ist, dass die Großen – Christen und auf ihre Weise auch Nichtchristen – in sich immer eine doppelte Liebe vereint haben: die zu Jesus und die zu den Armen. Sie folgten Jesus und liebten die Armen. Ich habe etliche Male arme Menschen gefragt, wer Erzbischof Romero für sie gewesen sei. Die Antwort war immer dieselbe: »Romero hat die Wahrheit gesagt, er hat uns wegen unserer Armut verteidigt, deswegen hat man ihn ermordet.« Das hat Erzbischof Romero zutiefst mit der Liebe Jesu von Nazareth verbunden.

Drittens möchte ich an etwas erinnern, das ich Dich 1972 über Jesus sagen hörte, und zwar über den Jesus, dessen Rückkehr wir wünschen. Zwei junge Jesuiten legten ihre Ordensgelübde ab. Du ermuntertest sie zur Nachfolge Jesu, was mich nicht verwunderte. Mich überraschte jedoch, was Du hinzufügtest: dass sie schon jetzt leben sollten wie in der Geschichte auferstanden. Ich glaube, Du wolltest damit sagen, man müsse der Nachfolge Jesu die *Fülle* und den *Sieg* anmerken, die in der Auferstehung stecken. Ich habe es in drei Begriffen zusammengefasst:

– die *Freiheit*, die nicht auf die eigenen Interessen schaut, sondern auf die der anderen: Frei ist, wer sich durch nichts behindern lässt im Tun des Guten. Freiheit bedeutet Überwindung von Fesseln, Angst und Egoismus;

- die *Freude*, aber nicht im Sinne von schlichtem Vergnügen und Unterhaltung, sondern wachsend aus der Güte der Menschen. Diese Freude ist nicht zu trennen von Leid, überwindet aber die Traurigkeit;
- die *Hoffnung*, die weder einfache Erwartung ist noch bloßer Optimismus und auch nicht Ergebnis wunschorientierter Berechnung. Sie ist die Überzeugung, dass in der Tiefe der Wirklichkeit mehr Gutes als Böses zu finden ist, dass die Liebe stärker ist als der Tod. So schrieb es Ana Manganaro, nordamerikanische Ordensfrau und Ärztin, die während des Konflikts in Chalatenango jahrelang und bis zur Erschöpfung Kranke und Verwundete versorgte.

Das ist es, was ich Dir zu diesem feierlichen 15. Jahrestag sagen wollte, Ellacu: dass wir gemeinsam mit Menschen unterschiedlicher Herkunft und Religion Jesus von Nazareth Einlass gewähren sollen in unser Leben, in unsere Kirchen und in die Geschichte.

Jon 5. Juli 2004

15. Extra pauperes nulla salus – außerhalb der Armen gibt es kein Heil

Lieber Ellacu,

früher haben wir in der Theologie viel von *Heil* und *Sünde* gesprochen und die Wirklichkeit unter diesen beiden Aspekten betrachtet. Jetzt aber spricht man nicht mehr davon, denn es scheint, als sei in der bürgerlichen Gesellschaft kein Raum für solche Begriffe. Es ist aber die Wirklichkeit selbst, die nach einer Erlösung schreit, um von der Sünde reingewaschen zu werden.

Heute ist die *Sünde* massenhaft verbreitet: die *Ausplünderung* der Dritten Welt und der Würdeverlust ihrer Länder, die todbringende Gewalt, auch wenn sie jetzt von fernen Flugzeugträgern ausgeht, von Handelsgesetzen, die zum Hunger verurteilen, und – als Antwort der Verzweiflung – von Menschen, die sich und andere abschlachten; die *Lüge*, das *Verheimlichen* und das *Schweigen:* Die Medien berichten uns nicht die ganze Wahrheit dessen, was mit diesem Planeten los ist und was mit uns. An Sünden mangelt es nicht, wohl aber an Gewissenserforschung und an der alten »mündlichen Beichte«: die Regierungen, die Großbanken und die Armeen werden sie nicht ablegen.

Auch von *Heil* wird nicht viel geredet. In der Wohlstandsgesellschaft gehört es sich nicht, von der Rettung der Seele zu sprechen und auch nicht von der des Körpers. Es ist auch nicht nötig: dem Wohlstand gilt das Hauptinteresse dieser Gesellschaft. Sie beglückwünscht sich dazu, großen Wohlstand erreicht

zu haben und auf dem Weg zu einem immer besseren Leben zu sein.
Bei uns, Ellacu, stehen die Dinge offensichtlich anders. Wir leben nicht in einem Wohlfahrtsstaat, sondern in einer Gesellschaft, in der es um die Mehrheit schlecht steht. Und wenn man uns mehr Wohlstand anbietet, kümmert man sich weder darum, ob uns das mehr Gerechtigkeit, mehr Wahrheit und mehr Menschlichkeit bringt, noch darum, ob es zu einer weniger egozentrischen Freiheit, einem helleren Licht, einer größeren – man verzeihe das Wort – Güte führt. Also gut, in diesem Umfeld schreibe ich Dir den Brief: *Extra pauperes nulla salus – außerhalb der Armen gibt es kein Heil.* Du weißt wohl, dass das *nulla salus* im Umfeld theologischer Diskussion entstand; jetzt aber denken wir darüber nach, um die Wirklichkeit auszuleuchten.
Über Jahrhunderte hieß es: *Extra ecclesiam nulla salus – außerhalb der Kirche gibt es kein Heil*, was die Freude ausdrückte, Erlösung gefunden zu haben in Jesus, den uns die Kirche vergegenwärtigt. Allerdings spiegelte der Satz auch ein Übermaß an kirchlicher Selbstgefälligkeit wider. Heute wird er nicht mehr gesagt, und nach dem Zweiten Vatikanischen Konzil gab es Fortschritte. Edward Schillebeeckx schrieb sehr schön: *Extra mundum nulla salus – außerhalb der Welt gibt es kein Heil*, womit er sagen wollte, dass Welt und Geschichte, also Gottes Schöpfung, der Ort sind, an dem Gott sein Erlösungswerk in und durch menschliche Vermittlung vollbringt. Die Vorstellung ist religiös und geschichtlich zugleich; sie spricht vom heilenden Handeln Gottes und sagt, wo und wie dieses Heil in Erscheinung tritt, das uns zu Menschenwesen, Söhnen und Töchtern Gottes macht.

Medellín und die Befreiungstheologie sind so lebendig in ihrer Gottesanschauung wie begraben in ihrer Wirkung – oft übrigens auf üble Weise, und zwar von denen, die sie nie verstehen wollten oder sich, weil sie sie verstanden, von ihr angegriffen fühlten; beide Aufbrüche fassten das Wesentliche unseres Glaubens von den Armen aus zusammen. Man sprach vom *hermeneutischen Privileg der Armen* für die Theologie: die Armen helfen, die Überlieferungen des Glaubens auszulegen. Und ausgehend von den Armen, hat ein Bischof das bekannte Wort des heiligen Irenäus von Lyon *Gloria Dei homo vivens – die Ehre Gottes ist der lebendige Mensch* neu formuliert: *gloria Dei vivens pauper – die Ehre Gottes ist der lebendige Arme;* er sagte das nicht rein rhetorisch, sondern um das Mysterium Gottes zu ergründen. Der Bischof war Oscar Romero.

Nun gut, auch beim Thema Erlösung sind wir einen Schritt vorangekommen und sagen: *Extra pauperes nulla salus – außerhalb der Armen gibt es kein Heil.* Ich glaube, zum ersten Mal habe ich das bei José Ignacio González Faus gelesen, danach bei unserem Freund Javier Vitoria; es ist das Vermächtnis der Befreiungstheologie.

Soweit ich mich erinnere, Ellacu, hast Du diese Formulierung nie benutzt, aber Du hast dieselbe Gottesauffassung gehabt und sie eigenständig fortentwickelt. Du hast nicht nur die Armen in Verbindung gebracht mit dem »Ort« des Heils (einem kategorialen *ubi*, würde Aristoteles sagen), sondern auch mit dessen »Inhalt« (einem substantiellen *quid*). Mit Mut, mit Tiefgründigkeit und mit einer in anderen Theologien schwer zu findenden Originalität hast Du eine zentrale christliche Wahrheit in Erinnerung gebracht: Vom leiden-

den Knecht Gottes, vom gekreuzigten Christus kommt das Heil. Und auch Erlösung, also die Tilgung des Bösen aus der Welt.
Deine originellste Leistung war der geschichtliche Bezug dieser großen Wahrheiten, die in der Liturgie wiederholt, aber selten mit der Geschichte in Verbindung gebracht werden. So sagtest Du, dass von den Armen das Licht zur Erkenntnis der Wahrheit und zur Überwindung der Lüge kommt. Du erklärtest das mit zwei bekannten Metaphern: die Dritte Welt als Spiegel, in dem die Erste ihre Wahrheit sehen kann; und als Krankheitsbefund, der bei der Untersuchung der »Ausscheidungen« der Ersten Welt zu Tage tritt.
Du behauptetest auch herausfordernd, von den Armen und Opfern gehe nicht die in der Ersten Welt so häufige Angst aus, sondern Hoffnung und die Kraft zur Umkehr, zur schwierigen Wandlung des steinernen Herzens in ein Herz aus Fleisch, welches so nötig ist, um zu sehen, wie schwer es der Welt des Überflusses fällt, auf ihren skandalösen Luxus zu verzichten, und wie sie weiter, ohne sich zu schämen, das Gleichnis vom reichen Prasser und armen Lazarus inszeniert. Und so geht es weiter mit anderen Gütern, die der Welt der Armut verfügbarer sind als der des Reichtums: Freude, Kreativität, Kampfgeist, Geduld, Kunst, Kultur, Hoffnung; und das nicht nur vereinzelt, sondern, nach José Comblin, als »Zivilisation der Solidarität«, welche die »Kehrseite der Welt der Reichen« ist.
Auch andere Güter kommen von den Armen: eine wirklich soziale und gemeinschaftliche Lebensweise, Formen gemeinsamen Wirtschaftens und, in vielen Kulturen, ein Umweltverhalten, das der Natur mehr Achtung und Fürsorge entgegenbringt. Insgesamt

aber denke ich, dass das Vermögen der Armen vor allem auf die Humanisierung der Menschheit hinzielt, was beileibe keine Tautologie ist. Es ist ihr Beitrag zum Heil.
Was Du sagtest, entspricht eindeutig nicht der Kultur des globalisierten Westens. Damit der wenigstens verstehen kann, worüber wir reden, muss er aus einem dogmatischen Schlummer erwachen: »Von den Armen kann kein Heil kommen.« Schon Kant wies darauf hin, dass wir nicht ewig »unmündig« sein dürfen, sondern »den Mut, anders zu denken«, aufbringen müssen. Und wenn wir vom Philosophen Kant zum Theologen Paulus übergehen, muss der Westen die Arroganz überwinden zu denken: »Die Wirklichkeit, das sind wir«, also das, was in der Geschichte, in der Überflussgesellschaft oben ist.
Ellacu, mit einer Überzeugung und mit einem Wunsch möchte ich schließen: Sie haben Dich umgebracht, weil Du der Zivilisation des Reichtums die Stirn geboten hast. Lasst uns Dich lebendig halten, weil Du eine Zivilisation der Armut verteidigt hast.

Jon 21. November 2005

Literatur zum Weiterlesen

Angegeben sind nur deutschsprachige, leicht zugängliche Werke.

Jon Sobrino, Geist, der befreit. Lateinamerikanische Spiritualität, Freiburg 1989.

Jon Sobrino, Sterben muss, wer an Götzen rührt. Das Zeugnis der ermordeten Jesuiten in San Salvador: Fakten und Überlegungen, Fribourg/Brig 1990.

Jon Sobrino, Christologie der Befreiung, Band 1, Mainz 1998.

Giancarlo Collet (Hg.), Der Christus der Armen. Das Christuszeugnis der lateinamerikanischen Befreiungstheologen, Freiburg 1988 (mit Artikeln u.a. von Jon Sobrino und Ignacio Ellacuría).

Ignacio Ellacuría, Jon Sobrino (Hg.), Mysterium Liberationis. Grundbegriffe der Theologie der Befreiung, 2 Bände, Luzern 1995 f. (mit umfassenden Literaturangaben).

Zahlreiche Artikel von Jon Sobrino finden sich in den Zeitschriften »Orientierung« (www.orientierung.ch), »Concilium« (www.concilium.org), »Stimmen der Zeit« (www.stimmen-der-zeit.de), »Geist und Leben« (www.geistundleben.de).

Anmerkungen

[1] Die Jesuiten der UCA redeten sich oft mit (abgekürztem) Nachnamen an. Der Brauch ist baskischen Ursprungs.
[2] Repräsentanten der politischen Rechten und der Armee.
[3] »Frente Farabundo Martí para La Liberación Nacional«, die Befreiungsbewegung für El Salvador.
[4] Orig. *Dios Salvador*, eine Anspielung auf den Namen El Salvador.
[5] Charles Péguy hat es präziser ausgedrückt: »Die, welche glauben, in der Gnade zu sein, weil sie nicht die Kraft haben, in der Natur zu sein. Die, welche glauben, im Ewigen zu sein, weil sie nicht den Mut für das Zeitliche haben. Die, welche, da sie nicht bei den Menschen sind, glauben, sie seien bei Gott. Die, welche glauben, sie liebten Gott, einfach weil sie niemanden lieben.«
[6] Jon Sobrino hat im Jahr 1999 keinen Brief geschrieben; an dessen Stelle wurde in der Originalausgabe eine Ansprache eingefügt, die er im Gedenken an die Märtyrer gehalten hat. Aus Platzgründen wurde die Ansprache nicht in die deutsche Ausgabe übernommen.

In der Reihe **Ignatianische Impulse** sind bisher erschienen:

Band 1: Willi Lambert, **Das siebenfache Ja,** Exerzitien – ein Weg zum Leben

Band 2: Stefan Kiechle, **Sich entscheiden**

Band 3: Piet van Breemen, **Alt werden als geistlicher Weg**

Band 4: Heiner Geißler, **Glaube und Gerechtigkeit**

Band 5: Cordula und Ottmar Leidner, **Weil ich mit dir wachsen möchte,** Herausforderung Ehe

Band 6: Klaus Mertes, **Verantwortung lernen,** Schule im Geist der Exerzitien

Band 7: Karl Frielingsdorf, **Gottesbilder,** Wie sie krank machen – wie sie heilen

Band 8: Christian Troll, **Als Christ dem Islam begegnen**

Band 9: Bernd Hagenkord, **jugend@gott**

Band 10: Claudia Bausewein, **Sterbende begleiten**

Band 11: Willi Lambert, **Wovon die Liebe lebt,** Eucharistie und Lebenskultur

Band 12: Eckhard Frick, **Sich heilen lassen**

Band 13: Stefan Kiechle, **Macht ausüben**

Band 14: Franz Jalics, **Der kontemplative Weg**

Band 15: Ignatius von Loyola, **In allem – Gott**

Band 16: Gundikar Hock (Hg.), **Ergriffen vom Feuer**

Band 17: Michael Hainz, **Freundschaft mit Armen**

Band 18: Christian Herwartz, **Auf nackten Sohlen,** Exerzitien auf der Straße

Band 19: Albert Keller, **Sinn im Unsinn,** Worüber Jesuiten lachen

Band 20: Christoph Benke, **Sehnsucht nach Spiritualität**

Band 21: Alfred Delp, **Im Angesicht des Todes**

Band 22: Peter Balleis, **Leidenschaft für die Welt**

Band 23: Josef Maureder, **Mensch werden – erfüllt leben**

Band 24: Martin Maier, **Pedro Arrupe – Zeuge und Prophet**

Band 25: Jon Sobrino, **Der Preis der Gerechtigkeit**